La sexualité

Illustration de couverture : Robin

© Nathan 2008.
Imprimé en France.

J'en parle avec mon enfant

La sexualité

Pascale Poulain

Nathan

sommaire

introduction p. 8

chapitre 1
Parler d'amour avec son enfant p. 11

Mon enfant est très séducteur envers son père et/ou moi, que se passe-t-il ? Quelle attitude puis-je adopter ? p. 12

Mon enfant dit souvent qu'il ne nous aime plus ou qu'on le déteste. Comment l'apaiser ? p. 13

Mon enfant ne jure plus que par la mère de l'un de ses amis et semble me délaisser, dois-je m'en inquiéter ? p. 15

Notre enfant vient nous réveiller la nuit et s'immisce dans notre intimité, que lui dire ? p. 17

Mon enfant de quatre ans parle de son amoureux(se) et l'embrasse, n'est-ce pas trop précoce ? p. 18

Que signifie pour un enfant « être amoureux » ou « être mariés » ? p. 20

Notre enfant nous a surpris en train de faire l'amour, que lui dire ? p. 22

Questions d'enfants p. 24
« Quand est-ce que je pourrai me marier, dormir ou avoir un enfant avec papa ou maman ? »
« Pourquoi le papa de Camille vit-il avec un autre homme ? »

chapitre 2
Un langage pour le corps p. 27

Comment s'éveille la sexualité ? p. 28

Comment nommer le sexe des enfants et celui des adultes ? p. 29

Jusqu'à quel âge de l'enfant peut-on se montrer nu devant lui ? p. 30

Jusqu'à quand peut-on toucher le sexe de son enfant pendant sa toilette ? p. 32

Peut-on embrasser son enfant sur la bouche ? p. 32

Mon enfant refuse que je touche son corps ou que je l'accompagne aux toilettes, dois-je insister ? p. 34

Mon enfant s'exhibe nu très souvent, que se passe-t-il ?
Que dois-je dire ? p. 35

Que répondre à ma fille qui me demande pourquoi son frère
a un zizi et pas elle ? p. 36

Mon garçon s'inquiète que son pénis soit moins grand
que celui de son père, comment le rassurer ? p. 38

Questions d'enfants p. 40

« Comment les enfants sortent du ventre ? »
« Est-ce que le zizi sert juste à faire pipi ? »

chapitre 3
La sexualité de l'enfant p. 43

À partir de quel âge l'enfant a-t-il une activité sexuelle ? p. 44

Je ne soupçonne rien du tout de la sexualité de mon enfant.
Est-ce normal ? Est-il possible qu'il n'en ait pas ? p. 46

Que dire à l'enfant qui se masturbe ? p. 48

Comment réagir face à la pratique de jeux sexuels
entre enfants ? p. 49

Mon enfant porte une attention exagérée
à ses organes génitaux et n'arrête pas d'en parler.
Comment désamorcer cela ? p. 50

Mon fils se déguise souvent en fille, dois-je l'en empêcher ? p. 51

Est-ce que faire pipi au lit est lié au développement sexuel
de l'enfant ? p. 53

Ma fille se montre très curieuse de mon intimité
et touche mon corps ainsi que celui d'autres personnes.
Comment réagir ? p. 54

Questions d'enfants p. 56

« Comment est-ce qu'on fait un enfant ? »
« Quand est-ce que j'aurai des seins, des poils ? »
« Quand est-ce que je pourrai avoir un enfant ? »

sommaire

chapitre 4
Le désir p. 59

J'éprouve de la gêne à parler de sexualité avec mon enfant, pourquoi ? p. 60

Que puis-je transmettre à mon enfant concernant l'amour, la sexualité, le désir ? p. 61

Mon enfant imite tous mes faits et gestes et se comporte en petit adulte. Que lui dire ? p. 62

Comment se construit l'identité sexuelle de mon enfant ? En quoi puis-je l'aider à être heureux d'être un garçon ou une fille ? p. 64

J'élève seule mon enfant. Que vais-je lui transmettre du couple, de l'amour ? p. 65

Quelles manifestations de la sexualité infantile sont susceptibles de poser problème et nécessitent de consulter un psychologue ? p. 67

J'aimerais mettre mon enfant en garde contre la pédophilie, mais j'ai peur de le traumatiser. Comment en parler ? p. 69

Questions d'enfants p. 71-72

« Un adulte peut-il être amoureux de moi ? »
« Pourquoi les pédophiles vont en prison ? »

chapitre 5
La puberté ou le passage à une sexualité adulte… p. 73

Qu'est-ce qui va changer aux abords de l'adolescence ?
Puis-je et dois-je préparer mon enfant à ce moment
de changement ? p. 74

Comment parler à ma fille de ses premières règles
et à mon fils de sa première éjaculation ? p. 76

Est-ce intrusif ou déplacé de parler de la contraception
ou du premier rapport sexuel avec son adolescent ? p. 78

Ma fille de quatorze ans est exagérément séductrice dans ses
attitudes. Que se passe-t-il et que lui dire ? p. 80

Mon adolescent est rivé à un(e) ami(e) du même sexe
et semble se désintéresser totalement de la sexualité.
Est-ce normal ? p. 82

Mon adolescent souffre de troubles alimentaires
ou paraît déprimé, que faire ? p. 83

Questions d'enfants p. 86-88

« Comment ça se passe la première fois qu'on fait l'amour ? »
« Mon corps me fait peur, est-ce que je suis normal ? »

conclusion p. 89
bibliographie p. 91
biographie p. 93

introduction

La sexualité éveille la curiosité.

La sexualité rend l'enfant curieux des sensations qui lui parviennent de son corps, des sentiments amoureux ou hostiles qu'il éprouve, de ce qui se passe dans la chambre de ses parents ou encore de la différence entre les sexes.

Le parent, désireux d'accompagner l'enfant dans ses questionnements, dispose d'un atout : la découverte de la sexualité va de pair avec celle du langage. Parler d'amour et de sexualité, au rythme de la demande de l'enfant, fournit un excellent support au développement de sa curiosité pour tous les sujets de la vie, en lien avec ses émotions.

En 1905, Freud fit la découverte scandaleuse que l'enfant a une vie sexuelle. Il insista beaucoup sur l'importance de répondre à l'intérêt de l'enfant pour les choses de l'amour et du sexe. « L'enfant s'attache aux problèmes sexuels avec une intensité imprévue et l'on peut même dire que ce sont là les problèmes éveillant son intelligence[1]. »

L'amour et la sexualité sont liés par le langage. Nous allons revenir aux paroles et aux gestes par lesquels le parent prend soin de son enfant dès le moment où il est

---

[1]. Freud Sigmund, *Trois essais sur la théorie sexuelle*, p. 91.

attendu, regardé, baigné ou nourri. La vie amoureuse et sexuelle commence là, en relation avec les premières rencontres de l'enfant. Jusqu'au temps de la puberté, où le parent s'efface parce que la curiosité de l'adolescent le mène vers une sexualité adulte.

Parler avec son enfant est un acte de transmission, qui convoque aussi l'enfant que fut le parent. Passée à la trappe de la mémoire consciente, la sexualité infantile de chacun reste active, puisqu'elle forme l'inconscient de notre vie psychique.

C'est pourquoi, en parlant d'amour et de sexualité avec son enfant, quelque chose, malgré soi, échappe de sa propre sexualité infantile. À la crainte de ne pas trouver les mots justes s'ajoute parfois une gêne légitime.

Comment oser en parler avec son enfant ou son ado ? À l'occasion d'un échange autour d'un sujet aussi brûlant que la sexualité, les frontières fondatrices de l'interdit de l'inceste se rappellent à notre attention.

Les questions et les réponses de ce livre nous conduisent aux portes de la vie sociale, familiale et amoureuse, chacun ayant à cœur l'importance de trouver les mots pour dialoguer avec l'enfant qui grandit.

chapitre 1

Parler d'amour avec son enfant

Il y a un moment dans l'enfance, entre deux et cinq ans, où le petit enfant se rapproche comme un adulte amoureux de sa mère ou de son père. C'est ce que Freud a appelé le complexe d'Œdipe.

Flattés et amusés, les parents sont aussi embarrassés. Ils repoussent gentiment l'enfant, et il est bien qu'il en soit ainsi.

Parce que le complexe d'Œdipe doit « sombrer », dit Freud, pour que s'inscrive dans l'inconscient de l'enfant l'interdiction de l'inceste.

En affrontant l'angoisse dite de castration, l'enfant accepte de perdre cette place imaginaire. Il reconnaît au père la possession symbolique du phallus qui donne un sens au désir de la mère, et sépare la vie sexuelle de l'enfant de la jouissance interdite de ses parents.

chapitre 1 — Parler d'amour avec son enfant

Mon enfant est très séducteur envers son père et/ou moi, que se passe-t-il ? Quelle attitude puis-je adopter ?

Il est surprenant et toujours un peu incroyable de voir son enfant se rapprocher en petit amoureux du parent du sexe opposé, pour le cajoler, le demander en mariage et lui promettre d'avoir des enfants avec lui. Tant d'attentions ont un but précis : l'enfant conçoit le projet de remplacer son parent du même sexe. Entre deux ans et cinq ans environ, le complexe d'Œdipe s'installe et disparaît.

L'attitude envers le parent du même sexe oscille entre une franche rivalité et des moments de tendresse : l'enfant redoute quelques représailles et surtout voudrait ne perdre l'amour ni d'un parent ni de l'autre ! Le complexe d'Œdipe se décline donc sur deux fronts qui sont ses versions dites « normale » et « inversée » – dans ce cas, l'enfant est attiré par le parent du même sexe. Les deux parents sont fortement sollicités par l'enfant pendant cette période.

Quelle attitude adopter pour que ce temps œdipien existe puis s'achemine vers une fin ? Quand un des deux parents est assailli par l'enfant, l'autre est tenté de baisser les bras devant tant d'ardeur et se sent évincé. Un enfant peut mettre à mal la vie conjugale, et un parent se prendre au jeu de la séduction avec son enfant à son insu. La bonne attitude est de ne pas laisser espérer à l'enfant que se marier, ou être le partenaire amoureux de son parent, est possible, ou le sera plus tard. On accompagnera, par exemple, les moments de câlins avec l'enfant de mots tendres, pour que son excitation physique, qui est grande à cet âge, ne prenne pas le devant de la scène. Cela l'encouragera à exprimer lui aussi ses sentiments et ses sensations, qui peuvent être très intenses.

La parole est un outil de choix pour les négociations œdipiennes dans cette période où l'enfant s'approprie le langage et en joue. Elle accompagne les séparations physiques et psychiques qui jalonnent cet âge de la vie.

Par ailleurs, les tâches et les loisirs de la vie quotidienne, partagés tantôt avec le père, tantôt avec la mère, sont une façon de divertir l'exclusivité réclamée par l'enfant. Ainsi, au plaisir d'aimer passionnément le parent peut se substituer celui de « faire comme papa ou maman ». Cela permet à chaque enfant, fille ou garçon, d'être aimé comme le parent qu'il souhaitait remplacer.

Mon enfant dit souvent qu'il ne nous aime plus ou qu'on le déteste. Comment l'apaiser ?

Quand l'enfant déclare la guerre, sous forme d'agressivité ou de bouderie continue, il met les nerfs de ses parents à rude épreuve. Pour l'apaiser, Françoise Dolto, radicale, recommandait de répondre à l'enfant : « Cela

chapitre 1 — Parler d'amour avec son enfant

n'a aucune importance, tu n'es pas né pour m'aimer[2] ! », sous-entendu : « Mais pour vivre ta vie. »

Cependant, l'ambivalence, c'est-à-dire le fait d'aimer profondément quelqu'un tout en le détestant, est un contraste affectif très présent pendant l'enfance. Qui n'a pas rêvé, enfant, de la mort de ses parents ? Ces sentiments inavouables génèrent de la culpabilité, c'est pourquoi l'enfant retournera le problème en disant que c'est lui que l'on déteste.

« Je suis en colère contre mon papa, dit une petite patiente de deux ans au psychanalyste anglais Winnicott, parce que je l'aime trop[3]. » Elle en veut à son père d'éveiller en elle trop d'amour, mais aussi de devoir renoncer à tant de plaisir, et lui exprime son amour par de la colère. De nombreuses frustrations et déceptions jalonnent une vie d'enfant, et le renoncement à certains plaisirs ne se fait pas sans peine.

En général, les manifestations agressives ou jalouses sont suivies d'épanchements tendres. Hans, par exemple, bat son père et l'embrasse ensuite à l'endroit où il l'a battu[4].

Un enfant grincheux et hostile est un enfant inquiet sur sa capacité à aimer et à être aimé. L'aider à formuler

---
2. Dolto Françoise, *Les Étapes majeures de l'enfance*, Paris, Gallimard, coll. « Folio essais », 1974, p. 21.
3. Winnicott Donald W., *La Petite Piggle*, Paris, Payot, 1980, p. 46.
4. Freud Sigmund, « Le petit Hans », in *Cinq psychanalyses*, Paris, PUF, 1954, p. 173.

ce qui l'agite lui permettra d'exprimer peu à peu la palette de ses sentiments contradictoires pour les faire coexister avec moins de culpabilité.

Mettre en miroir des mots sur son état est une entrée en matière pour faire évoluer la situation pénible. On peut lui dire, par exemple : « Tu as l'air fâché par quelque chose ou quelqu'un aujourd'hui, que se passe-t-il pour toi ? » Lui demander « Pourquoi penses-tu cela de toi, ou de maman ? », et, bien sûr, écouter sa réponse, l'aidera à ne pas rester bloqué sur des sentiments négatifs. Une réponse en amène souvent une autre quelques heures plus tard, et le dialogue retrouvera un cours plus fluide.

Mon enfant ne jure plus que par la mère de l'un de ses amis et semble me délaisser, dois-je m'en inquiéter ?

Une fillette qui rentre à la maison en claironnant qu'elle préfère la mère de sa copine, ou un garçon qui semble avoir échangé son père contre son prof de foot sont des situations un peu vexantes pour les parents… mais elles sont un bon indicateur de la fin de l'Œdipe, ce qui est une bonne chose. L'enfant est en mesure de remplacer ses parents par d'autres personnes à aimer.

Découvrir comment se passe la vie à l'extérieur de la cellule familiale lui procure un grand plaisir. Il choisit d'adopter ce qui, chez d'autres modèles que ses parents, lui convient.

chapitre 1 Parler d'amour avec son enfant

Le fait de pouvoir étendre son intérêt hors de la famille est le signe que l'enfant s'enhardit à affirmer ses goûts et sa personnalité. C'est aussi l'occasion, pour lui, d'être mis en valeur par des adultes autres que ses parents, d'une manière nouvelle.

Au moment d'une naissance dans la fratrie, l'attrait pour un autre adulte peut ressembler à un règlement de comptes, avec un parent trop occupé au goût de l'enfant qui fait alors jouer la concurrence. Il n'est pas inquiétant que l'enfant trouve à glaner un peu d'attention auprès d'une autre personne, pour autant que celle-ci ait la confiance des parents.

Et puis, il y a toujours dans l'enfance un moment où l'on va voir si l'herbe est plus verte ailleurs ! Affirmer que les parents du copain sont beaucoup mieux permet à l'enfant de se faire une idée de ce qui lui plaît ou déplaît chez les siens, d'intégrer les valeurs familiales et de prendre du recul.

Les scénarios autour de parents imaginaires ou adoptifs, sous couvert de remplacer avantageusement les vrais parents, sont de véritables déclarations d'amour déguisées aux parents de son plus jeune âge, tels que l'enfant en a la nostalgie[5].

Dans le cas d'une famille monoparentale, l'affection de l'enfant envers un éducateur, une tante, un médecin,

---

[5]. Freud Sigmund, « Le roman familial des névrosés », in *Névrose, psychose et perversion*, Paris, PUF, 1973.

un grand-père ou une grand-mère favorise l'élaboration imaginaire du parent œdipien manquant dans la réalité. Il fait ainsi entrer une troisième personne au foyer.

Notre enfant vient nous réveiller la nuit et s'immisce dans notre intimité, que lui dire ?

Que l'enfant ait deux ans et entre dans la chambre en traînant son doudou aussi insomniaque que lui, ou qu'il en ait sept et frappe à la porte en se plaignant de ne pas réussir à dormir, les parents doivent réagir si cela se produit trop souvent.

Cette attitude peut avoir plusieurs origines, notamment la curiosité sexuelle ou la jalousie, surtout au moment de l'Œdipe. L'enfant vient dans la chambre pour se renseigner, l'air de rien, sur ce qui s'y passe. C'est un sentiment douloureux dans la petite enfance d'accepter que papa et maman n'aient pas besoin de l'enfant tout le temps... surtout la nuit. L'enfant a parfois aussi des représentations inquiétantes de l'acte sexuel.

Les parents peuvent dire à leur enfant que, la nuit, ils ont besoin d'être seuls tous les deux. Que leur lit est à eux – et à eux seuls – et qu'ils n'ont pas à le partager avec lui. De la même manière, ils n'ont pas à aller dans le lit de leur enfant. La volonté des parents de préserver

chapitre 1 — Parler d'amour avec son enfant

leur intimité est aussi importante que le choix des mots employés : ils doivent être clairs et fermes, sinon l'enfant profitera de la situation.

Les visites nocturnes dans la chambre des parents peuvent aussi être liées à la peur du noir ou du silence, alors que papa et maman sont ensemble et au chaud. Dans le noir, l'enfant peut voir apparaître des figures imaginaires terrifiantes. Il importe bien sûr de le rassurer, mais en allant dans sa chambre plutôt qu'en l'invitant dans la sienne.

Ces peurs – que l'on appelle aussi phobies – sont liées aux efforts importants que fait l'enfant dans la journée, notamment pour se séparer de ses parents. Le récit de la journée écoulée ou la lecture d'une histoire au moment du coucher l'accompagnera au mieux. Françoise Dolto recommandait également de proposer à l'enfant de dessiner ses cauchemars ou de les écrire lorsqu'il est plus grand.

Mon enfant de quatre ans parle de son amoureux(se) et l'embrasse, n'est-ce pas trop précoce ?

L'excitation sexuelle est vive à cet âge, et l'enfant, qualifié par Freud de « jeune libertin[6] », peut être fort

---

6. Freud Sigmund, « Le petit Hans », *op. cit.*, p. 172.

entreprenant auprès des garçons comme des filles. Les baisers se mêlent à l'admiration et aux compliments. Les enfants se promènent main dans la main dans la cour de récréation et se proposent de s'épouser, ainsi que d'avoir des enfants. Entre deux et cinq ans, les histoires d'amour fleurissent de façon impudique et passionnée. L'enfant en grandissant sera plus discret mais non moins romantique. Il « est capable, bien avant d'avoir atteint la puberté, de réaliser la plupart des exploits psychiques de la vie amoureuse (la tendresse, le dévouement, la jalousie)[7] », relève Freud.

Il conviendra au parent de s'assurer que l'amoureux ou l'amoureuse en question est consentant et de prendre tout à fait au sérieux de possibles chagrins d'amour. Le sens érotique des baisers entre enfants existe mais ne doit pas inquiéter les parents, sauf si les manifestations sexuelles venaient à prendre une importance exagérée.

Ainsi, un petit garçon de cinq ans était devenu la terreur de sa classe de maternelle car il se jetait sur les filles pour les embrasser contre leur gré. Il voulait être aimé de toutes, peu assuré du retour de ses parents à la sortie de la classe.

Des amours enfantines heureuses favorisent chez le petit garçon ou la petite fille l'émancipation de sa famille et la découverte de la différence entre les sexes. Contrairement à ce que l'on pourrait imaginer d'une sexualité qui va en s'intensifiant avec l'âge, ces histoires

---

7. Freud Sigmund, *La Vie sexuelle*, Paris, PUF, 1969, p. 9.

chapitre 1 — Parler d'amour avec son enfant

sont plus érotisées dans le jeune âge qu'entre six et douze ans, où la sexualité se déplace momentanément au profit d'autres complicités (lettres d'amour, loisirs communs, discussions, jeux). Quel que soit l'âge de l'enfant, la discrétion des parents s'impose pour respecter ces initiatives sentimentales.

Que signifie pour un enfant « être amoureux » ou « être mariés » ?

« C'est quoi, être amoureux ? » demande parfois l'enfant du tac au tac. Comme toutes ses questions abruptes, celle-ci peut prendre le parent au dépourvu malgré son apparente simplicité. Pouvoir se représenter ce qu'en pense déjà l'enfant aidera le parent à composer sa réponse.

La sexualité de l'enfant n'est pas celle de l'adulte, mais il s'interroge énormément sur les sujets sexuels. Il est guidé par ses propres sensations physiques, mais aussi par ce qu'il a pu voir ou entendre auprès des adultes ou des autres enfants. Ce sujet est le prétexte d'importants échanges d'informations dans les cours de récréation !

Ce qui intéresse l'enfant dans le fait d'être marié, c'est avant tout de savoir comment se font les bébés. Il va le plus sérieusement du monde concevoir des théories à ce sujet.

Pour de jeunes enfants, être amoureux passera par des démonstrations « orales » : on échange des baisers, on se donne rituellement des choses à manger grâce auxquelles les bébés sont conçus. Leurs sensations anales et génitales mettent certains enfants sur la piste qu'être mariés consiste à uriner l'un devant l'autre ou à se montrer ses fesses. Pour d'autres, la vie maritale commence par un sacrifice : les parents n'auraient-ils pas versé chacun de leur sang pour fonder la famille ? On retrouve souvent aussi l'idée que faire l'amour est un acte de force du père envers la mère.

Ces « théories sexuelles infantiles », comme les a nommées Freud, sont aussi diverses et singulières que leurs petits inventeurs. L'enfant les oublie peu à peu et privilégie les explications réalistes, mais elles seront toujours présentes dans l'inconscient.

Certains enfants ont également une prescience précoce du coït dont l'explication peut leur être donnée quand leur curiosité le réclame. En inventant les images qui conviennent à son âge, il n'est jamais trop tôt pour donner une explication sexuelle à un enfant, à partir du moment où il en fait la demande.

Quant au sentiment amoureux, il est probable que l'enfant en ait eu l'expérience avec des amoureux de son âge. On peut donc lui demander ce qu'il en pense lui, avant de témoigner et d'échanger un peu ensemble sur le sujet.

chapitre 1 — Parler d'amour avec son enfant

Notre enfant nous a surpris en train de faire l'amour, que lui dire ?

Si c'est exceptionnel, il y aura sans doute plus de gêne que de mal. La vie sexuelle conjugale, sans avoir vocation à s'exhiber, fait partie de la vie amoureuse. Dans un premier temps, et quel que soit l'âge de l'enfant, les parents devront faire face à la situation : dire leur regret qu'il ait surpris un moment de l'intimité parentale, lui suggérer de ne pas entrer dans la chambre sans frapper ou trouver un moyen de fermer la porte à clef.

Aujourd'hui, les enfants entre six ans et la puberté ont tous vu à la télévision une étreinte plus ou moins érotisée et imaginé quelque chose d'un rapport sexuel entre adultes. Ils ont assez tôt dans l'idée que c'est ainsi qu'ils sont nés. Bien qu'il soit « dans le dessein des fantasmes enfantins de nier les rapports sexuels entre les parents[8] », l'enfant comprend la sexualité à partir de son propre développement sexuel et affectif.

C'est pourquoi l'enfant témoin de cette scène va probablement réagir et interpréter ce qu'il a vu. L'occasion s'offre pour les parents de lui apporter éventuellement des éléments d'information sur la sexualité. Par exemple, si l'enfant compare l'étreinte amoureuse à une bagarre ou à des choses bizarres avec la bouche ou les fesses,

---

8. Freud Sigmund, *La Vie sexuelle*, op. cit., p. 79.

on peut lui dire qu'il ne s'agit pas de cela, mais d'un câlin, d'une rencontre d'amour et de sexe que font les grandes personnes et qu'il connaîtra plus tard avec son amoureux(se).

Rappelons que l'enfant ne doit pas être témoin ni impliqué d'une manière ou d'une autre dans la vie sexuelle de ses parents. Ce que l'enfant imagine de celle-ci est à l'origine de fantasmes fondamentaux qui lui permettent de grandir, mais, s'il peut en penser tant de choses, c'est justement parce que la porte de la chambre des parents est bien fermée.

Questions d'enfants

> « Quand est-ce que je pourrai me marier, dormir ou avoir un enfant avec papa ou maman ? »

C'est une question qui sera posée par un petit Œdipe entre deux et six ans au maximum.

Soyons catégorique : la réponse à cette question ne doit jamais être « Plus tard », mais « Jamais » ! L'enfant dormira et se mariera quand il sera grand avec une personne choisie à l'extérieur de la famille. Bien que l'interdit de l'inceste ne soit pas établi par une manœuvre active, consciente, les parents se doivent de soutenir symboliquement cette loi par des paroles et des actions qui ne la démentent pas dans la réalité.

C'est là toute la complexité... du complexe d'Œdipe : l'enfant doit pouvoir vivre ses mouvements de rapprochement avec ses parents et, en même temps, les parents doivent fermer la porte de leur chambre le soir, signifiant à l'enfant qu'il n'a pas à occuper cette place-là.

Le petit garçon amoureux de sa mère (ou la petite fille, de son père) peut se montrer très triste de l'énoncé de l'interdit de l'inceste. Mais il est extrêmement important pour son développement psycho-sexuel de ne pas lui laisser miroiter la possibilité d'une réalisation œdipienne. Ainsi, sa curiosité sexuelle pourra trouver d'autres buts, et sa vie amoureuse se développer sereinement.

« Pourquoi le papa de Camille vit-il avec un autre homme ? »

L'adoption par un couple d'homosexuel(le)s n'est pas encore légale en France, mais un homosexuel seul peut adopter un enfant et vivre en couple. De plus, après un divorce, la famille peut se recomposer de telle façon que le père ou la mère ait un compagnon de même sexe.

Répondre que c'est un choix amoureux est sans doute la meilleure entrée en matière.

L'homosexualité est très présente chez le jeune enfant, de par son amour pour le parent du même sexe. Jusque vers sept ans, il aura lui-même volontiers des amours homosexuelles, et l'homosexualité lui paraîtra aller de soi.

C'est donc plus entre sept ans et la puberté, quand il aspire à la distinction des genres qui soutient la façon dont il prend ses parents comme modèles, que l'enfant pourra s'interroger sur l'homosexualité des adultes.

Lorsque l'on parle de l'homosexualité à un jeune enfant, il ne faut pas négliger de rappeler, dans le cas de couples homosexuels ayant « conçu » ou adopté un enfant, la nécessité d'un père pour enfanter, ou l'existence d'une mère qui a porté l'enfant.

chapitre 2

Un langage pour le corps

Quand l'enfant, l'air songeur et détendu, suce son pouce ou son doudou, il répète le plaisir qu'il a éprouvé pendant la tétée ou pendant un câlin. S'il touche son sexe lui-même, il renouvelle la sensation qu'il a connue pendant que son parent lui faisait sa toilette. « Il se satisfait de son propre corps », dit Freud simplement.

Dès sa naissance, les besoins comme les premiers émois érotiques de l'enfant sont formulés par le parent : « Comme tu as faim ! », « Tu as l'air content ! ». Ainsi les événements de son corps prennent sens pour l'enfant. Il peut rappeler à sa mémoire ces satisfactions et les renouveler par lui-même. C'est pourquoi l'autoérotisme n'est pas seulement un état érogène du corps, c'est aussi un état de créativité psychique, lié au dialogue avec la personne qui prend soin de l'enfant.

chapitre 2 — Un langage pour le corps

Comment s'éveille la sexualité ?

L'enfant qui naît ne peut pas prendre soin de lui tout seul. Il a besoin pour s'éveiller à la vie que ses parents le regardent, l'écoutent, le touchent et interprètent pour lui ses premières sensations. Au sein de sa mère, ou au biberon, le bébé n'apaise pas seulement sa faim : il éprouve du plaisir. Physiquement, parce qu'il est repu ; psychiquement, parce que c'est agréable de se régaler en contemplant le visage de sa mère. Quand son père le berce ou le fait sauter sur ses genoux, cela le détend et le fait rire, et, là encore, il éprouve du plaisir.

Dans ces relations de tendresse, la dimension érotique et l'échange éveillent la sexualité de l'enfant. La faim et la soif rassasiées, la toilette, le bercement, l'activité musculaire sont autant d'expériences qui inaugurent sa vie sexuelle. S'y ajoutent des satisfactions esthétiques : la rondeur du sein, le visage des parents, le jeu des couleurs et de la lumière. Ainsi qu'une dose d'agressivité : quand l'enfant mord, crie ou griffe, la dimension de plaisir sadique qui existe dans la sexualité est déjà présente.

La sexualité naît grâce aux expériences de satisfaction et en interaction avec la personne qui les procure et les nomme. D'abord liée aux besoins vitaux du corps, elle s'en rend ensuite indépendante. Elle n'est pas éveillée uniquement par la zone génitale, elle est aussi orale, anale, tactile et liée au langage. C'est en effet la particularité de la sexualité humaine de se bâtir en relation à un autre à travers le langage.

L'enfant rappelle à sa mémoire toutes ces expériences agréables et les répète par lui-même, physiquement et par la pensée. La sexualité a pour premier objet d'amour non seulement la personne en charge des soins de l'enfant, mais aussi soi-même. C'est ce qu'on appelle le narcissisme, c'est-à-dire le fait de s'aimer, soi.

Comment nommer le sexe des enfants et celui des adultes ?

C'est une question qui peut tout à fait être discutée en famille. À chacun, parent ou enfant, sa liberté et sa poésie de nommer le sexe comme il l'entend, sous réserve d'un argot déplacé pour l'âge de l'enfant ou d'un terme qui dévalorise l'autre sexe. Dans la petite enfance, les termes de zizi pour le garçon et zézette pour la fille rivalisent avec la zigounette pour les deux sexes. Les petits oiseaux des garçons et les fleurs des filles jouent avec la métaphore. Pour faire simple, le mot sexe convient aisément aux deux genres, bien qu'il ne les différencie pas.

Nommer les organes génitaux permet aussi de les distinguer des « fesses » qui désignent pendant la toilette à la fois l'avant et l'arrière du corps. Distinguer le

chapitre 2 — Un langage pour le corps

sexe des fesses soutiendra l'enfant dans son acquisition de la propreté.

Plusieurs termes pourront être employés selon qu'il s'agit d'un usage courant, pour la toilette, par exemple, ou selon que l'enfant réclame un éclaircissement sexuel. Les mots anatomiques tels que pénis, gland, testicules pour le garçon, ou lèvres, vulve, vagin et clitoris pour la fille peuvent être employés à tout âge. Vers neuf-dix ans, il est bienvenu que l'enfant en prenne connaissance. Pouvoir nommer les organes génitaux contribue aussi à la découverte de son corps par l'enfant et le prépare à la puberté.

Hans, le petit patient de Freud, appelait un « fait-pipi » le sexe de toutes les personnes, homme ou femme, enfant ou adulte, ainsi que celui des animaux. Choisir des noms différents pour désigner les sexes masculin et féminin, ainsi que ceux des enfants et des parents, est une idée pour accompagner l'enfant dans ses interrogations sur la vie sexuelle.

Jusqu'à quel âge de l'enfant peut-on se montrer nu devant lui ?

L'organisation de la vie quotidienne pose la question de savoir si l'on peut se laver ou s'habiller en même temps que son enfant, ce qui est parfois bien pratique. En fait, il s'agit moins de se cacher systématiquement au regard de l'enfant que d'éviter de s'exhiber nu devant lui, si possible à partir de deux ou trois ans.

Les soins donnés quotidiennement à l'enfant quand il est nourri, changé, lavé, embrassé sont une source continue d'excitation et de satisfaction sexuelles. L'amour sexuel se mêle donc de toute façon aux sentiments tendres dans la relation parent-enfant sans qu'il soit besoin d'en rajouter. Se montrer nu devant son enfant exacerbe cette séduction inévitable, ce qui n'est pas souhaitable. « Pour nos enfants, nous sommes des merveilles[9] », rappelle Françoise Dolto. La beauté et la prestance de l'adulte nu accroissent la représentation de toute-puissance qu'a l'enfant de son parent aimé. L'enfant peut se trouver découragé de prendre son parent pour modèle quand il voit que, physiquement, il ne fait pas le poids dans la comparaison par trop réelle.

Enfin, l'excitation sexuelle naît en partie de l'envie de regarder, d'observer, de toucher aussi, qui joue un rôle important dans le désir de savoir et dans les apprentissages. L'attention que l'enfant accorde aux problèmes sexuels est tout à fait intense et centrale dans ses préoccupations et éveille son intelligence. Que la curiosité à voir puisse être satisfaite de façon répétée sur le corps des parents comporte le risque d'une séduction trop vive. Chaque parent devra y être attentif selon son intuition. C'est parfois l'enfant lui-même qui se montrera gêné.

---

9. Dolto Françoise, *Les Étapes majeures de l'enfance, op. cit.*, p. 34.

chapitre 2   Un langage pour le corps

Jusqu'à quand peut-on toucher le sexe de son enfant pendant sa toilette ?

Que ce soit pendant sa toilette ou pendant une partie de chatouilles, entre deux et cinq ans, l'enfant est en général très demandeur. Il a repéré le plaisir que lui procure la zone génitale. Sa demande d'être touché est une tentative de séduire son parent et répond au désir d'apaiser la tension sexuelle qu'il ressent. C'est aussi un moment où il va être très exhibitionniste, tout à la joie de ses émois érotiques et à la fierté de ses désirs œdipiens.

Au parent donc de signifier à l'enfant qui commence à être propre et en âge de se laver seul qu'en grandissant chaque personne s'occupe de son propre corps. Il aura peut-être alors recours à l'onanisme pour soulager son excitation.

Encore une fois, la volupté sensuelle à cet âge est grande et peut être vécue de façon très inquiétante par l'enfant si le parent y participe à son insu lors d'attouchements physiques sans paroles. « L'enfant n'a pas la même sexualité que l'adulte et pour lui toute sensation forte est jouissance[10] », rappelle Françoise Dolto.

Peut-on embrasser son enfant sur la bouche ?

---

10. Dolto Françoise, *Les Étapes majeures...*, op.cit., p. 86.

C'est un geste qui se pratique dans certaines familles, et pas du tout dans d'autres.

« Il est probable qu'une mère serait surprise si on lui disait qu'elle éveille par ses tendresses la pulsion sexuelle de son enfant[11] », dit Freud. La bouche est une zone érogène très investie dans la sexualité infantile. L'excès de sensualité d'un tel baiser partagé avec les parents peut être nuisible et source de confusion pour l'enfant. En effet, pour le jeune enfant, c'est justement en s'embrassant sur la bouche que les parents sont mariés et conçoivent les bébés. Si l'enfant fait de même, ses désirs œdipiens, qui sont imaginaires, sont susceptibles d'acquérir une réalité incestueuse.

Réserver les baisers sur la bouche à la relation conjugale va aider l'enfant à distinguer sa sexualité de celle des adultes. En observant que c'est un plaisir que s'accordent les parents entre eux, il pourra fantasmer et s'interroger là-dessus pour forger ses théories sexuelles. Cette observation est importante, car elle lui permet de prendre acte de la séparation d'avec son parent œdipien. Et c'est bien parce que cet objet d'amour est perdu que l'enfant pourra aller vers d'autres personnes.

De même que l'on ne dort pas avec son père ou sa mère, le baiser sur la bouche est un témoignage d'amour à accorder en dehors des relations filiales. L'amour filial a tout à gagner à s'exprimer d'une façon moins érotisée :

---
11. Freud Sigmund, *Trois essais...*, *op. cit.*, p. 133.

chapitre 2 — Un langage pour le corps

un câlin accompagné de quelques mots, une activité ou une émotion partagées sont autant de témoignages d'amour qui donneront à l'enfant la confiance et le désir d'aller plus tard aimer... ailleurs.

Mon enfant refuse que je touche son corps ou que je l'accompagne aux toilettes, dois-je insister ?

Quand l'enfant dit « non », il est parfois difficile de savoir s'il faut lui tenir tête ou le laisser faire, notamment en ce qui concerne son hygiène. L'enfant, en acquérant de l'autonomie pour se vêtir, se laver, aller aux toilettes, peut manifester activement que l'on respecte son intimité. C'est un grand plaisir dans l'enfance d'arriver à faire seul des choses qu'auparavant quelqu'un faisait pour soi.

Un gain d'autonomie, s'il ne met pas l'enfant en danger, est à remarquer et à encourager. En ne souhaitant plus être touché, l'enfant manifeste qu'il a grandi et que les soins parentaux peuvent maintenant prendre une autre forme. Cela ne veut pas dire que, désormais, aucun contact physique n'aura lieu, mais c'est peut-être l'enfant qui prendra l'initiative des rapprochements.

La pudeur compte avec la honte et le dégoût au rang de ce que Freud a appelé les « digues psychiques ». L'établissement de ces digues jalonne la maturation sexuelle et vient s'opposer aux pulsions cruelles, exhibitionnistes et voyeuristes de l'enfant. Par sa pudeur, l'enfant contribue à faire dériver sa sexualité vers d'autres domaines, tels que les relations amicales et les apprentissages.

Cependant, si l'enfant paraît effrayé par quelque contact que ce soit ou que quelque chose vous paraît changé dans son comportement, il faudra s'informer auprès de lui pour savoir s'il n'a pas été agressé physiquement par un enfant ou un adulte.

Il peut s'agir également d'une phobie passagère qui accompagne l'une des nombreuses entreprises de séparation pendant l'enfance (*cf.* chap. 4).

Mon enfant s'exhibe nu très souvent, que se passe-t-il ? Que dois-je dire ?

C'est une situation qui peut être aussi amusante que gênante pour les parents. La sexualité de l'enfant s'éveille avec tout son corps. Au plaisir total de déambuler nu s'ajoute celui de la provocation. Il y a fort à parier que l'enfant choisira le moment où il y a des invités à la maison pour apparaître dévêtu.

L'exhibitionnisme du jeune enfant, vers deux ou trois ans, est le symétrique de son voyeurisme, de son intense curiosité à voir les actes physiologiques et les organes sexuels. Le plaisir de regarder le corps des autres alterne avec celui de montrer le sien. La sensation de son corps nu lui procure un vif plaisir autoérotique, tandis que les regards portés sur lui flattent son narcissisme.

chapitre 2   Un langage pour le corps

Ce moment d'exhibitionnisme marque une décision de l'enfant qui assume volontairement d'être regardé, là où auparavant il a pu l'être passivement.

Sans le gronder, les paroles éducatives vont avoir pour but de lui faire comprendre qu'il est un bel enfant, mais que, parmi d'autres personnes, il doit mettre des vêtements. S'il veut rester un peu tout nu parce que c'est agréable, il peut aller dans sa chambre ou dans la salle de bains.

Si cela n'a lieu qu'une fois, il peut être opportun de le laisser vivre ce moment jusqu'au bout. Ainsi, un garçon de cinq ans a fait, un jour, la surprise à ses parents d'arriver nu à table. Il se souvient aujourd'hui d'avoir voulu montrer à son père et à son frère que lui aussi avait un zizi !

Que répondre à ma fille qui me demande pourquoi son frère a un zizi et pas elle ?

Les parents ont souvent fort à faire pour régler les conflits de jalousie entre frères et sœurs. La réponse va confirmer à la petite fille son observation de la différence entre les sexes et l'informer qu'elle a… un autre sexe que celui du garçon. La curiosité ici se mêle à la crainte d'avoir quelque chose en moins, et, pour cette raison, de n'être pas entière ou d'être moins bien, à cause de ce pénis qui manque à son anatomie. Jusque vers quatre ans, la petite fille entretient plus ou moins en secret la croyance que son clitoris va grandir et devenir un pénis.

Elle assimile également les seins de sa mère à des pénis. Les explications sexuelles que vont lui donner ses parents contribueront à relativiser son angoisse de castration, liée chez la petite fille au constat qu'elle n'a pas de pénis.

Alors pourquoi n'a-t-elle pas de pénis tandis que son frère en a un ? Parce que son frère est un garçon, il a un sexe de garçon ; et parce qu'elle est une fille, elle a un sexe de fille. Et c'est justement parce que les garçons et les filles n'ont pas les mêmes sexes qu'à l'âge adulte ils rencontreront en dehors de la famille quelqu'un de l'autre sexe et pourront concevoir des enfants ensemble.

Cette question de la petite fille peut donner matière à des explications sur l'existence du vagin et de l'utérus qui abrite le bébé pendant la grossesse. Le fait de pouvoir porter plus tard un bébé dans son corps sera pour la petite fille un substitut du pénis envié à son frère. C'est pourquoi son Œdipe va consister à fantasmer un enfant du père. « C'est mon fils avec papa », dit Johanne (trois ans et demi) de son petit frère peu de temps après avoir demandé à sa mère : « Pourquoi il a ça ? » en montrant le sexe du garçon.

C'est aussi à travers le plaisir communicatif d'être femme et pas seulement mère que chaque maman transmettra à sa fille des éléments de réponse sur la féminité. Et la jeune fille, en grandissant, se tournera sexuellement vers le garçon pour « avoir » le pénis convoité.

chapitre 2 — Un langage pour le corps

Mon garçon s'inquiète que son pénis soit moins grand que celui de son père, comment le rassurer ?

Cette question sera probablement posée par un jeune enfant, entre trois et sept ans.

Très tôt, le garçon manifeste de l'intérêt pour son pénis, le touche, le regarde et le montre. À l'observation que les filles n'en ont pas, ou alors un « tout petit », s'ajoute la comparaison avec ceux qui en ont un : ses copains, son frère et son père. La question de la taille est donc intimement liée au fait d'en avoir ou pas, c'est-à-dire à l'identité sexuelle.

De plus, ce qui est grand a toujours plus de valeur aux yeux d'un enfant, et le garçon se demande s'il va pouvoir être à la hauteur de son père, qu'il admire et prend comme modèle.

La question de la taille du pénis recouvre la rivalité œdipienne avec le père. Le petit garçon, qui pensait qu'il avait tout ce qu'il fallait pour séduire sa mère, doit se rendre à l'évidence que, pour ce qui est de la taille du sexe, le père est mieux placé que lui. Son inquiétude vient de la crainte d'être rangé du côté du sexe féminin, ce qui l'expose à une relation de séduction avec son père.

Sa comparaison va renforcer l'intuition de l'enfant que la sexualité des adultes n'est pas celle des enfants : son papa et sa maman peuvent faire ensemble des choses, lors desquelles le pénis a sûrement un usage.

Le rassurer sur son organe génital, c'est donc confirmer que son pénis est bien un sexe de garçon, comme son papa, mais que celui d'un papa est plus grand parce qu'il est adulte. Ainsi l'enfant déduira en général de lui-même que son pénis grandira avec lui. Il sera alors moins inquiet d'être à la hauteur de ce père qui, lui aussi, un jour, fut un enfant – ce qui contribue à donner de ce papa une image plus réelle qu'idéale.

« Comment les enfants sortent du ventre ? »

La question de la naissance passionne l'enfant. Au moment où il la pose, et quel que soit son âge, il a déjà sa propre réponse en tête, qui est fonction de son développement sexuel. Par exemple, un enfant de deux ou trois ans distingue mal les organes génitaux de l'anus et pense que la maman accouche comme elle irait aux toilettes. À cet âge-là, certains enfants croient aussi qu'hommes et femmes peuvent indifféremment enfanter. Si c'est le cas, informons-le que seule la mère porte l'enfant dans son ventre. Entre trois et cinq ans, la croyance qu'une ouverture est pratiquée par un médecin dans le ventre ou par le nombril prévaut. Répondre précisément à l'enfant est tout à fait important pour qu'il confronte la réponse de l'adulte à sa théorie en cours. Cela va l'encourager à continuer à réfléchir sur les problèmes sexuels.

L'enfant se représente l'intérieur du ventre, mais il lui manque la connaissance de l'existence du vagin. À partir de cinq ou six ans, on peut lui dire que le bébé sort du ventre entre les jambes de maman, par un passage exprès pour ça. La distinction peut être faite entre l'utérus où se tient le bébé *in utero*, et le vagin par lequel il sort. Cela permet à l'enfant de distinguer les voies sexuelle et anale. L'explication de la naissance donne aussi l'occasion de parler du nombril, et de faire le récit de la première rencontre de l'enfant et de ses parents.

« Est-ce que le zizi sert juste à faire pipi ? »

En général, jusqu'à cinq ou six ans, on parle à l'enfant de la graine d'amour mise par papa dans l'œuf du ventre de maman pour faire un enfant. Puis un jour, l'enfant demande : « Mais elle vient d'où, la petite graine de papa ? » Aujourd'hui, on enseigne à l'école comment se font les enfants, à l'âge de dix ans, en CM2. Mais il est possible de parler du sperme, dès sept ou huit ans, et même plus tôt si l'enfant s'en montre curieux. L'enfant ne connaît pas encore par son propre corps l'existence du sperme ; il pressent cependant que le pénis joue un rôle dans la mise en route des bébés. Cette connaissance intuitive provient de l'excitation que lui procure son pénis.

On lui dira qu'il y a deux voies de sortie dans le sexe de l'homme : une pour le pipi, et, quand on devient un jeune homme, une voie pour le sperme. La question pour le zizi au féminin renvoie à la précédente sur l'existence du vagin. Il peut être dit à l'enfant que le sexe de la femme a deux parties : une pour faire pipi, et l'autre pour faire l'amour et les bébés.

L'enfant curieux de ce qu'est l'acte sexuel peut être informé que l'homme introduit son sexe, son pénis, dans celui de la femme, dans son vagin. Il est probable que ces questions seront posées à un moment où l'enfant est parvenu à de semblables conclusions par ses réflexions personnelles. L'explication de l'adulte le confortera alors dans ses recherches.

chapitre 3

La sexualité de l'enfant

L'enfant court, pleure, aime, est curieux, s'approche des autres, se bat contre eux.

Il est en proie à des excitations internes au corps et externes, en relation avec les autres et le monde environnant.

La pulsion sexuelle est cette pression constante d'excitation avec laquelle il doit composer. Elle n'existe pas à l'« état brut » mais se relie toujours à une image, une émotion, à une personne et à des mots.

Ces différentes « représentations » de la pulsion sexuelle se combinent entre elles et forment la toile de fond de la sexualité infantile, qui est appelée à devenir inconsciente.

chapitre 3 — La sexualité de l'enfant

À partir de quel âge l'enfant a-t-il une activité sexuelle ?

L'enfant qui se masturbe ou embrasse son amoureux(se) ne sait pas encore que ses émois sont sexuels. Pour lui, ce sont des plaisirs parmi d'autres, qu'il qualifiera de « sexuels » à l'adolescence seulement. Cependant, son activité est déjà une activité sexuelle – infantile.

« Le nouveau-né en vérité vient au monde avec de la sexualité ; certaines sensations sexuelles accompagnent son développement de nourrisson et de petit enfant[12] », dit Freud. Ainsi les personnes qui donnent les soins à l'enfant deviennent-elles ses premiers partenaires amoureux et sexuels.

L'activité sexuelle de l'enfant se développe en puisant dans le sexuel, qui est l'ensemble des images, des mots et des émotions par lesquels il se représente ses pulsions et les vit.

L'expérience du plaisir consiste en une tension sexuelle, suivie au même endroit d'une excitation extérieure qui l'apaise. À la différence de la sexualité adulte, qui est principalement génitale, l'activité sexuelle infantile est diffuse et « polymorphe » : ses activités sont multiples.

Freud repère que n'importe quel point du corps (l'œil, la bouche, l'anus, la peau) peut être source de la pulsion sexuelle. Le suçotement et le baiser cherchent à repro-

---

12. Freud Sigmund, *La Vie sexuelle, op. cit.*, p. 9.

duire le plaisir de l'allaitement et forment la sexualité orale. De même, l'activité de la zone anale a une grande valeur érogène dans l'enfance. Le contenu intestinal joue le rôle de corps excitant masturbatoire, que l'enfant retient ou expulse avec plaisir, en relation avec sa mère qui attend qu'il fasse ses besoins, comme il lui donnerait un cadeau.

Entre deux et six ans, la sexualité infantile s'épanouit. Cette période correspond au complexe d'Œdipe. On parle d'une phase « phallique », car l'enfant reconnaît le sexe masculin mais n'a pas encore fait coïncider féminité avec absence de pénis. Les sensations de plaisir de la zone génitale sont alors prépondérantes, et la sexualité de l'enfant est la plus proche de ce qu'elle sera à l'âge adulte. L'enfant a des érections, recourt beaucoup à la masturbation et fait semblant de faire l'amour.

Tout ce qui est de l'ordre de la cruauté, de l'exhibition, du voyeurisme et de l'envie de savoir compte aussi au nombre des pulsions sexuelles.
On comprend pourquoi la sexualité infantile est dite « partielle », tant ses sources et ses manifestations sont diverses. Freud l'a également qualifiée de « perverse », car il y a de nombreuses limitations que les pulsions sexuelles de l'enfant ne connaissent pas encore.

chapitre 3 — La sexualité de l'enfant

Je ne soupçonne rien du tout de la sexualité de mon enfant. Est-ce normal ? Est-il possible qu'il n'en ait pas ?

La sexualité de l'enfant n'est pas toujours « voyante ». Il y a des enfants pudiques que les parents entendent rarement parler de choses sexuelles. Ce qui ne veut pas dire qu'ils n'en parlent pas avec d'autres et que cela ne les intéresse pas. La sexualité est une des formes possibles d'expression de la pulsion, parmi d'autres. La pulsion peut être utilisée, par exemple, à travers un sport, un sentiment amical, le goût pour les études... Le sexuel existe aussi sous forme de rêveries, de fantasmes et de scénarios imaginaires. Partant de là, la sexualité est plus ou moins repérable selon les enfants et selon les âges.

Ainsi, la constitution de chaque enfant est différente et, chez certains, la pulsion sexuelle est plus forte que chez d'autres. Mais la constitution n'est pas tout : elle rencontre l'éducation, l'amour des parents, les événements familiaux, le contexte social... Un enfant brimé ou peu encouragé dans la curiosité que lui dictent ses sensations corporelles pourra ressentir de la gêne, de la timidité et même de l'anxiété à vivre sa sexualité. À l'inverse, des échanges trop séducteurs avec les parents pourront avoir les mêmes effets. L'enfant fera en sorte de ne pas avoir présents à l'esprit des sensations et des fantasmes qui l'embarrassent. Cela lui prendra beaucoup d'énergie et risquera de nuire à ses relations aux autres ou à ses apprentissages scolaires.

Selon les âges, la sexualité sera davantage orale ou anale que génitale. La sexualité orale se repère chez le bébé à sa gourmandise et à la façon dont il porte tous les objets à la bouche. La sexualité anale est mise en avant au moment de l'acquisition de la propreté : retenir ou non les selles devient un véritable mode d'échange avec la personne aimée. La sexualité génitale est davantage visible et active entre deux et six ans, puis à nouveau peu avant la puberté, à travers la masturbation ou la curiosité sexuelle.

Entre sept et douze ans environ, la sexualité est mise en veilleuse, c'est la période dite de latence. La sexualité de la petite enfance liée aux sentiments incestueux de l'Œdipe succombe à l'« amnésie infantile ». Elle est comme oubliée et passe du côté de l'inconscient.

Une grande partie de la pulsion sexuelle est alors transformée en traits de caractère et utilisée pour des buts non sexuels, c'est ce qu'on appelle la « sublimation ». Par exemple, les pulsions anales seront transposées dans la satisfaction de faire un travail méticuleux, le voyeurisme dans la lecture ou la photographie, les plaisirs tactiles dans des sports de groupe ou la sculpture, l'exhibitionnisme dans la pratique d'un art de la scène...

Cependant, certains enfants, dont l'excitation génitale héritée de la petite enfance est restée forte, conservent une pratique onaniste pendant la période de latence.

chapitre 3   La sexualité de l'enfant

Que dire à l'enfant qui se masturbe ?

L'enfant, depuis qu'il est bébé, se masturbe de façon plus ou moins discrète : en serrant les cuisses, en se touchant lui-même, par des frottements contre le corps des adultes ou contre un objet, avec le jet de la douche… Quand cela a lieu en public, c'est gênant, et il n'est pas évident de trouver les mots pour lui en parler.

Il ne faut surtout pas le gronder, ni lui dire d'aller faire pipi ! L'intervention ne vise pas à interdire la masturbation, mais à l'informer de ce qu'il est en train de faire. Il s'agit plus de le sensibiliser à l'intimité et à la pudeur. Car il n'a pas conscience que c'est « sexuel » au sens où l'adulte l'entend. Pour lui, c'est un plaisir comme un autre. Dès l'âge de deux ou trois ans, qui va être celui de sa scolarisation, on lui dira : « Le plaisir que tu as en touchant ton sexe est un plaisir intime que tu peux avoir dans ta chambre, ou dans ton bain, mais pas devant les autres. » Le repérage par l'enfant de ce qui est du registre du sexuel prend du temps, et la masturbation est une étape de découverte sexuelle tout à fait importante. De plus, son excitation génitale peut être causée par une autre sensation forte, comme une peur.

À partir de six ou sept ans, si l'enfant se masturbe, le parent ne devrait pas s'en apercevoir, car il a intégré la pudeur à son activité sexuelle. Si le parent surprend par mégarde son enfant en train de se masturber dans sa chambre ou dans les toilettes, il n'a pas à intervenir cette fois, mais à refermer la porte et à laisser l'enfant à son intimité. Cependant, s'il continue à se masturber sans pudeur, c'est-à-dire en présence d'autres personnes, il faudra penser à une consultation psychothérapique.

Comment réagir face à la pratique de jeux sexuels entre enfants ?

Jouer au docteur ou à l'infirmière, au papa et à la maman, dévoiler son intimité pour s'acquitter d'un gage, comparer les anatomies... Les jeux de l'enfance intègrent volontiers la curiosité et les sensations sexuelles à leurs scénarios. La majorité des jeux sexuels n'est pas remarquée par les parents : habilement, les enfants font en sorte de ne pas se faire surprendre.

Si un parent soupçonne des jeux érotisés entre enfants, la première réaction est de s'assurer qu'un enfant n'en terrorise pas un autre ou ne prend pas l'ascendant sur lui de façon sadique. La pulsion de cruauté est en effet très grande dans l'enfance. C'est une façon pour l'enfant de se décharger de son agressivité et des contraintes de la réalité, ou encore de répéter sur un autre la séduction latente ou agie qu'exerce un adulte sur lui.

Un enfant ou un groupe d'enfants peut faire subir à un camarade, à un frère ou à une sœur des jeux érotisés pervers. Dans ce cas, l'intervention de l'adulte s'impose pour comprendre avec l'enfant quelles sont les difficultés qui l'ont poussé à agir ou à subir ces jeux.

chapitre 3 — La sexualité de l'enfant

Si les jeux sexuels paraissent plus anodins, on suggérera aux enfants de faire jouer les rôles par des poupées ou des marionnettes, de façon que l'enfant n'utilise pas son corps. Ainsi, l'idée originale de l'enfant sera symbolisée, c'est-à-dire déplacée et mise à distance dans le jeu. Enfin, on prêtera attention au scénario du jeu quand des enfants d'âges différents jouent entre eux, afin que les plus jeunes ne soient pas effrayés par les fantasmes des plus grands.

Mon enfant porte une attention exagérée à ses organes génitaux et n'arrête pas d'en parler. Comment désamorcer cela ?

Un enfant qui ne parle que de cela cherche à savoir des choses sur la sexualité : les sensations de son organe et ses impressions psychiques lui dictent tellement de questions qu'il ne sait par laquelle commencer ni comment la formuler ! Il parle alors à longueur de journée de zizi, pipi ou caca, sans vraiment savoir pourquoi et non sans provocation.

C'est souvent au moment de la naissance d'un enfant dans la fratrie qu'une telle obsession se manifeste. « L'arrivée de la sœur apporta dans la vie de Hans bien des éléments qui ne lui laissèrent dès lors plus de repos[13] », rapporte Freud à propos de son jeune patient. Les relations aux parents sont accentuées. Comme s'est accentuée également la solitude du petit garçon que cette naissance amène à réfléchir sur les problèmes sexuels. Il se remémore l'attention et les plaisirs qu'il eut au même âge. Il s'inquiète de ce que le sexe de son frère ou de sa sœur soit préféré au sien et de perdre l'amour de ses parents. Tout cela peut se manifester par une sorte d'ébullition sexuelle.

L'attitude à adopter est de lui demander s'il se pose des questions sur ces sujets et de l'amener à formuler lui-même les idées qu'il a là-dessus. Elles ne peuvent manquer d'exister. Si l'enfant est en quête d'autres informations, les réponses des parents auront pour effet de calmer son inquiétude ou sa culpabilité. Satisfaire, au rythme de l'enfant, la curiosité qu'éveillent ses pulsions sexuelles lui permettra de bien vivre sa sexualité et de se tourner vers des buts non sexuels. La pratique d'une activité de groupe, d'un jeu de construction, d'un art, d'un sport... est également tout indiquée pour canaliser les pulsions sexuelles.

Mon fils se déguise souvent en fille, dois-je l'en empêcher ?

---

13. Freud Sigmund, « Le petit Hans », *op. cit.*, p. 187.

chapitre 3 — La sexualité de l'enfant

Ce cas de figure préoccupe davantage les parents que celui d'une fille se déguisant en cow-boy ! Mais se soucier de la façon dont se développe l'identité sexuelle de son enfant est tout à fait important. Il n'est pas nécessaire d'empêcher un garçon ou une fille d'imiter une personne de l'autre sexe. Mais si ce jeu de déguisement réapparaît très souvent et que l'enfant exprime des doutes sur son identité sexuelle, voire sur son identité tout court, une consultation est recommandée. Parce que l'enfant se met en situation de séduire son parent du même sexe au lieu de le craindre, comme cela devrait se passer normalement dans le complexe d'Œdipe.

À travers des jeux de déguisement, le garçon expérimente ce que son désir comporte de féminin ; la fille met à l'honneur la part active de sa personnalité. L'homosexualité existe à l'état de fantasmes chez tout un chacun, et nous empruntons tous des traits à l'autre sexe.

Le garçon qui se déguise en fille se demande en quoi il ressemble à une femme et vice versa : l'effroi des enfants devant l'absence de pénis de la femme est réel. L'enfant joue à être de l'autre sexe pour aménager son angoisse de la castration.

Ce jeu cesse un jour – ou alterne avec d'autres –, et l'identité sexuelle de l'enfant est déterminée par sa relation à la castration : un des sexes sera le sien, l'autre non. À partir de ce qu'il sait de la différence entre les sexes, l'enfant franchira l'étape de se situer comme garçon ou comme fille.

La disponibilité du père pour aider le garçon à déterminer son identité sexuelle est importante. L'enfant en a besoin afin que son amour pour son père se transforme en désir de lui ressembler.

Est-ce que faire pipi au lit est lié au développement sexuel de l'enfant ?

Il s'agit là de petits accidents nocturnes qui surviennent après l'acquisition de la propreté. Cela a pour effet que la mère ou le père se lève et s'occupe de l'enfant en le changeant comme quand il était plus petit. Cet inconvénient passager est effectivement lié au développement psycho-sexuel, c'est-à-dire à la sexualité de l'enfant prise dans sa relation au langage, aux parents, aux émotions et à l'éducation. L'énurésie a lieu la nuit pendant le sommeil de l'enfant et ne relève pas de sa vie consciente ni de sa volonté. L'enfant fait pipi au lit comme il ferait un rêve, et cela ne le réveille pas toujours.

Les causes en sont aussi nombreuses qu'il y a d'enfants et de situations singulières. Le sommeil est le moment où les désirs anciens trouvent le moyen de se frayer une voie vers la conscience. Une excitation sexuelle pendant le sommeil peut être convertie en fait d'uriner.
Mais ce n'est pas toujours un désir érotique qui peut susciter une excitation génitale : un cauchemar, une inquiétude forte ou encore de l'agressivité produisent le même effet. Les moments de changement dans la vie

chapitre 3 La sexualité de l'enfant

de l'enfant tels qu'une naissance ou un deuil dans la famille, une nouvelle école ou une séparation favorisent cette « expression » nocturne.

Il est inutile de gronder l'enfant ou de l'empêcher de boire avant de se coucher. Il faudra plutôt avoir la patience de repérer avec lui ce qui, de sa sensibilité, de sa timidité ou de son agressivité, est tu pendant la journée. Il se comporte comme un petit, pour avoir son parent auprès de lui, parce que, dans un moment sensible, quelque chose n'arrive pas à être dit.

Ma fille se montre très curieuse de mon intimité et touche mon corps ainsi que celui d'autres personnes. Comment réagir ?

C'est en général le fait d'un jeune enfant, entre deux et cinq ans. Après avoir possédé le corps de la mère pour se nourrir au sein ou se blottir dans sa chaleur, il lui faut un certain temps pour comprendre que les corps des autres ne lui appartiennent pas et ne sont pas des jouets. L'enfant a été lui-même l'objet de soins et cherche à faire de même en touchant les autres. Ses élans de curiosité sexuelle viennent se greffer à cela. Voir et toucher ne sont-ils pas les premiers outils de l'enfant pour découvrir ce qu'il ne connaît pas ?

Cet assaut du corps du parent comporte une tentative de séduction ou de comparaison avec son propre corps. Apprendre, par l'observation de soi et des autres, la différence entre les sexes se fait progressivement. Cet apprentissage peut être accompagné par le dialogue et par l'échange verbal. À l'enfant qui est dans ce mouvement physique il faut donc proposer des mots pour satisfaire sa curiosité. Ainsi, son élan de savoir pourra se déplacer vers d'autres buts.

Dans un premier temps, on peut réagir en disant à l'enfant qu'il a raison d'être curieux, mais que le corps des adultes, comme celui des enfants, n'est pas un objet qui peut être touché ou dévoilé ainsi. On ajoutera qu'on a l'impression qu'il cherche à savoir des choses sur le corps des mamans ou des papas et l'inviter à formuler les questions qu'il se pose.

On peut aussi inciter l'enfant à déplacer son intérêt pour le corps de son parent sur celui d'une poupée, par exemple : au lieu de toucher le corps de l'adulte, il va faire à une poupée ce que l'adulte lui a fait lorsqu'il prenait soin de lui quand il était bébé.

« Comment est-ce qu'on fait un enfant ? »

Oublions tout de suite les cigognes et autres choux de nos parents ou grands-parents. Les interrogations de l'enfant sont « pour lui un premier pas en vue de s'orienter dans le monde[14] » et méritent l'attention des adultes. Cette question en particulier constitue le défi par excellence de l'enfant dans ses efforts. Elle engage la représentation par l'enfant de ce que sont la conception et la naissance, mais aussi la mort : car s'il y a un début à la vie, celle-ci aura une fin.

La difficulté pour y répondre consiste à trouver les images appropriées à l'âge de l'enfant.

« S'il pose une question, c'est que son attention a été éveillée et qu'il a plus ou moins déjà l'idée d'une réponse[15] », dit Françoise Dolto. Laisser parler l'enfant de ce qu'il sait déjà permet à l'adulte d'être au plus proche de ce qu'il peut entendre.

Les réponses feront apparaître les rôles du père et de la mère : l'enfant se développe dans le corps de la mère après que le père a déposé sa graine dans l'œuf de son ventre. L'usage du pénis et du sperme peut être mentionné dès que l'enfant le pressent, de même que le passage formé par le vagin de la mère. On réserve souvent le processus

---
14. Freud Sigmund, *Trois essais...*, *op. cit.*, p. 94.
15. Dolto Françoise, *Les Étapes majeures...*, *op. cit.*, p. 102.

biologique de la fécondation et du développement du fœtus aux enfants à partir de dix ans, mais, si un plus jeune s'y intéresse, il n'y a pas de contre-indication.

L'enfant se développe ensuite à l'abri, dans l'utérus de maman, qui est sa maison pour neuf mois.

Dans un premier temps, l'explication entrera peut-être en conflit avec l'opinion de l'enfant, mais ce n'est pas grave. Cela l'amènera à d'autres réflexions et ainsi de suite. Enfin, du comment au pourquoi, il n'y a qu'un pas, que les parents peuvent franchir en racontant à l'enfant leur désir de l'avoir fait naître, puis vu naître.

« Quand est-ce que j'aurai des seins, des poils ? Quand est-ce que je pourrai avoir un enfant ? »

Cette question sera peut-être posée plusieurs fois, à différents âges de l'enfant, souvent impatient de grandir et de faire comme les grands. Il se rend bien compte que les adultes sont dans une autre dimension sexuelle. Il lui est difficile d'imaginer que son corps un jour deviendra comme celui des adultes ou des adolescents qu'il côtoie. C'est pourquoi il est très important de satisfaire sa curiosité pour accompagner à la fois son imagination et ses réflexions.

On peut y répondre très simplement. En termes d'âge, c'est autour de dix-douze ans que les poils et les seins poussent, mais ça peut être plus tard. La question d'« avoir un enfant » appelle une double réponse : la possibilité biologique liée à l'ovulation et à l'éjaculation ; et le désir d'accueillir un enfant dans un cadre amoureux.

Ces questions anticipent les changements de la puberté, et, finalement, plus ces sujets auront été abordés au fil de la curiosité de l'enfant encore jeune, meilleures seront ses chances de vivre au mieux les transformations de son corps à l'adolescence.

Par exemple, Juliette, six ans, parle un jour en rentrant de l'école d'une grande qui a saigné dans les toilettes, ce qui a permis à sa mère de commencer à lui expliquer ce que sont les règles. Cela a donné des clefs à l'enfant pour comprendre elle-même que « ces importantes questions devaient rentrer en repos jusqu'à ce que son désir de devenir grand se fût réalisé[16] ».

---

16. Freud Sigmund, « Le petit Hans », *op. cit.*, p. 196.

chapitre 4

Le désir

Si vous parlez à un enfant de 7 ans de l'époque où, plus petit, il pensait que les mamans avaient un pénis, et où il était amoureux de la sienne : il ne s'en souviendra pas.

Tous les enfants oublient leur petite enfance, parce qu'une fois passé le complexe d'Œdipe, leur sexualité infantile devient l'objet d'une amnésie. On dit qu'elle est refoulée, c'est-à-dire repoussée hors de la conscience. Ces souvenirs se trouvent maintenant dans l'inconscient.

chapitre 4 — Le désir

J'éprouve de la gêne à parler de sexualité avec mon enfant, pourquoi ?

Ce n'est pas facile de parler de sexualité avec son enfant parce que, même quand on est parent, on n'en a jamais fini avec sa propre sexualité infantile ! Pour mieux écouter et comprendre, on essaie par moments de se rappeler l'enfant qu'on était. Cela ravive les éléments scandaleux de la sexualité infantile : la cruauté, la masturbation, les fantasmes incestueux envers ses propres parents. On parle de « retour du refoulé » : cela peut être un lapsus, un rougissement, une émotion.

La gêne apparaît parce que « l'amour filial, apparemment non sexuel, et l'amour sexuel s'alimentent aux mêmes sources[17] ». Parler de sexualité avec son enfant comporte le risque de se confronter à des émotions sexuelles incestueuses, vécues avec ses propres parents et rejouées avec son enfant. Cette séduction est inévitable et nécessaire dans une certaine mesure, puisqu'elle éveille la sexualité de l'enfant au moment de l'Œdipe et lui permet ensuite de la refouler.

La « prime enfance ne cesse d'agir au présent » et, sur cette scène inconsciente, « l'infantile ne prend pas une ride

---

17. Freud Sigmund, *Trois essais...*, *op. cit.*, p. 138.

parce qu'il est sans âge[18] ». Refoulée, la sexualité de notre enfance resurgit chaque fois que nous parlons et faisons jouer le double sens des mots. La gêne éprouvée ne doit pas décourager le parent puisqu'elle est au service du maintien du refoulement de sa propre sexualité infantile. « L'enfant naît avec la force de ce que l'amour entre ses parents contient et recouvre[19] », résume Gérard Pommier.

Que puis-je transmettre à mon enfant concernant l'amour, la sexualité, le désir ?

Ce que les parents ont envie, avant tout, de transmettre à leur enfant est qu'il ait envie de faire des choses, qu'il soit heureux en amour et que sa vie lui permette de découvrir et d'exploiter ses capacités personnelles en relation avec les autres.

« Il faut que les jeunes sentent qu'une tension entre l'attachement à la famille et le désir de lui échapper est un signe de vitalité[20] », dit Françoise Dolto. En étant attentif aux tensions que rencontre l'enfant, le parent lui transmet la meilleure connaissance qui soit : celle de résoudre lui-même ses propres conflits.

---

18. Assoun Paul-Laurent, « L'enfant, père de l'homme », in *L'Enfant dans l'homme*, p. 96
19. Pommier Gérard, « Le désir "de" l'enfant... », p. 57, in *Les Nouveaux Rapports à l'enfant*.
20. Dolto Françoise, *Les Étapes majeures...*, op. cit., p. 62.

chapitre 4 — Le désir

Vouloir transmettre à son enfant l'envie de faire des choses, la soif de plaisir ou de satisfaction est, bien sûr, très précieux. Mais la question de la transmission recouvre bien d'autres choses. La transmission familiale de la loi du désir, qui se fait par l'interdit de l'inceste, trace la frontière entre ce qui est possible et ce qui est impossible. Elle assure à l'enfant de n'être pas l'objet de jouissance de ses parents. Cela lui permettra, le jour venu, de rendre hommage d'une certaine façon à ses parents, en les quittant et en aimant d'autres personnes qu'eux[21].

Mon enfant imite tous mes faits et gestes et se comporte en petit adulte. Que lui dire ?

Observer un enfant qui joue à l'adulte est amusant sur le moment, mais, si cette situation se prolonge, cela devient inquiétant parce que l'ordre des générations est inversé. Si notre enfant fait le parent, c'est le monde à l'envers.

L'époque dans laquelle nous vivons, nos modes de vie, nos attitudes ne sont pas étrangers à cette confusion : les adultes cherchant par tous les moyens à retarder les effets du vieillissement, pourquoi les enfants ne mettraient-ils pas un coup d'accélérateur au processus de leur croissance ?

---

21. Julien Philippe, *Tu quitteras ton père et ta mère*, Paris, Flammarion, coll. « Champs Flammarion », 2002.

Mais l'époque ne fait pas tout : un enfant a toujours hâte de grandir. En imitant ses parents, il se projette dans un futur qui est comme un jeu virtuel pour lui, et, à défaut de savoir comment sera sa vie d'adulte, il fait comme son papa ou sa maman. Cette anticipation est parfois drôle. Quand elle devient un trait de caractère ou de personnalité, c'est plus dérangeant pour le parent dont le rôle est remis en question.

L'identité d'enfant passe par le fait d'accepter les lois des adultes qui gouvernent sa vie quotidienne. Si l'enfant ne les repère pas suffisamment chez ses parents, il va prendre leur place pour tenter de se gouverner lui-même d'une façon ou d'une autre. Il cherche la loi à bord du navire familial, tout en la contournant.

La meilleure attitude est sans doute de le rassurer sur la présence à bord des adultes ayant une vie (conjugale, amoureuse, professionnelle) d'adulte. Cela évitera à l'enfant la tentation de s'imaginer à cette place ou de s'obliger à l'être.

De plus, par sa présence, son écoute et sa parole, le parent assure à son enfant une reconnaissance nécessaire. La vie quotidienne érode parfois la patience d'observer son enfant et d'écouter ce qu'il a à dire sur ce qui se passe pour lui ou dans la famille. Prendre le temps de parler, au détour d'un jeu, d'un bain ou d'un câlin, pour entendre sa voix d'enfant à chaque âge est la meilleure façon de donner la place nécessaire à son identité d'enfant.

chapitre 4 — Le désir

Comment se construit l'identité sexuelle de mon enfant ? En quoi puis-je l'aider à être heureux d'être un garçon ou une fille ?

Dès l'échographie, les parents prennent connaissance avec émotion du sexe de leur enfant et commencent à penser à lui différemment selon que c'est un garçon ou une fille. Et aussi selon que c'est le père ou la mère qui y pense. Ainsi, l'identité sexuelle n'est pas seulement déterminée par la biologie. C'est d'abord de ses parents que l'enfant apprend qu'il est garçon ou fille avant de se désigner lui-même comme tel. Le prénom, les soins, les jeux, les paroles, les vêtements épousent la différence entre les sexes. Cette dimension sociale et interactive, chargée de tous les messages conscients et inconscients parentaux, renforce ou atténue le sexe biologique.

Parallèlement, l'enfant repère sur lui et autour de lui des marques de la différence entre les sexes, et son vécu d'être garçon ou fille est confirmé par le regard et par les interactions des autres avec lui.

Vers deux ans et demi-trois ans, l'enfant connaît son genre sexuel. Cela sert de base à son identité sexuelle, qui se construit en relation avec les personnes aimées. Plusieurs identifications coexistent et forment une personnalité, mais c'est l'orientation du choix amoureux dans l'enfance (le choix œdipien), puis à l'adolescence qui achève de constituer l'identité sexuelle.

Être heureux de son sexe a beaucoup à voir avec la naissance du sentiment de la personnalité, qui se tisse au fil des multiples modèles que prend l'enfant. Par exemple, une fillette, en se coiffant comme sa chanteuse préférée ou en empruntant le parfum de sa mère, construira heureusement son identité féminine. Les moments de camaraderie avec un bon copain ou de complicité filiale avec son père assoiront l'identité virile du garçon.

Par-dessus tout, ce qui rend heureux d'être homme ou femme se manifeste à travers le fait d'éprouver des désirs en général, curieux des différences et de ce qui n'est pas soi. C'est pourquoi le désir érotique à l'adolescence conforte délicieusement l'identité sexuelle.

J'élève seule mon enfant. Que vais-je lui transmettre du couple, de l'amour ?

Les parents qui élèvent seuls leur enfant ou en garde alternée avec un autre parent ont le souci de ce qu'ils peuvent transmettre à leur enfant de l'amour et du désir. Ils craignent, par exemple, que sa représentation de la vie amoureuse ne soit entachée des échecs qu'eux-mêmes ont vécus : rupture, solitude, etc., ou encore de ne pas apporter à eux seuls les repères affectifs nécessaires à l'enfant.

« Il faut que la raison de la solitude soit parlée et dite à l'enfant », préconise Françoise Dolto, et les raisons ne doivent pas donner tort à l'absent. Ne pas juger l'autre parent devant son enfant n'est pas facile – surtout en

chapitre 4 — Le désir

cas de séparation douloureuse –, mais c'est nécessaire car l'enfant aura tendance à se sentir coupable de cette séparation. Il faut lui expliquer que, quand les parents se séparent, ils se quittent l'un et l'autre mais que cela n'a rien à voir avec lui et que ce n'est pas leur enfant qu'ils quittent. Françoise Dolto suggère même quelques paroles apaisantes : « Si ton père n'avait pas été là, tu ne serais pas né [...]. Quand tu es venu au monde, je l'aimais [...] et, comme je t'aime, cela prouve qu'il y avait en lui des choses très bien[22]. »

Le nouveau partenaire qui partage la vie du père ou de la mère sera d'autant mieux accueilli par l'enfant que le premier parent n'aura pas été rejeté par son ex-conjoint. « Ainsi l'enfant peut garder ce premier référent, bien qu'absent physiquement, en lui de façon symbolique[23]. » Lorsqu'un enfant n'a pas connu l'un de ses parents – même si c'est une histoire douloureuse, comme un père qui est parti pendant la grossesse de sa compagne –, le parent seul doit en parler à son enfant et ne pas le nier.

Il est bon qu'un parent seul évoque régulièrement l'autre parent et veille à avoir une vie sociale – des amis, des collègues de travail... –, de façon à ne pas donner à l'enfant l'impression qu'il va occuper la place d'un partenaire amoureux ni que son parent s'est « sacrifié » pour lui. Cela permet d'inscrire psychiquement la présence

---

22. Dolto Françoise, *Les Étapes majeures...*, op. cit., p. 74.
23. *Ibid.*, p. 28.

d'une tierce personne, essentielle à la construction de l'enfant.

Quelles manifestations de la sexualité infantile sont susceptibles de poser problème et nécessitent de consulter un psychologue ?

Lorsque quelque chose ne tourne pas rond, l'enfant peut l'exprimer de différentes façons : une humeur taciturne, des insomnies, des crises de colère, une appréhension à aller à l'école, des épisodes d'énurésie... Les parents s'efforcent avec raison de distinguer parmi ces attitudes celles qui sont normales de celles qui indiquent une souffrance.

Une enfance sans embûches n'existe pas parce que la pulsion sexuelle ne peut être pleinement satisfaite. Le travail de développement considérable auquel l'enfant se soumet pendant sa croissance le confronte à une tension entre ce qui est possible et ce qui ne l'est pas. Les symptômes passagers de l'enfance expriment d'une façon ou d'une autre ce conflit, que l'on appelle névrose infantile et qui est le signe d'une bonne vitalité.

Les trois périodes de l'enfance ne donnent pas lieu aux mêmes difficultés. Pendant la petite enfance, entre deux et six ans, la phobie est le symptôme le plus courant. L'enfant fait des cauchemars, il a peur du noir, de

> **chapitre 4** — Le désir

sortir de la maison, d'aller à l'école, ou encore de certains animaux. Son imagination diabolise des objets ou des personnes qui représentent ce que la fusion avec ses parents peut avoir de terrifiant. Par cet état phobique, il cherche à franchir une étape de séparation.

À partir de sept ans, pendant la période de latence, les symptômes sont plus discrets : ce sont des manifestations caractérielles comme le fait d'être râleur ou insolent. L'enfant pourra être réticent à faire certaines choses et excessivement méticuleux pour d'autres.

La pré-puberté vers onze ou douze ans amorce les changements de l'adolescence à travers des symptômes qui se fixent sur l'alimentation, le sommeil ou la relation aux parents.

L'affirmation par l'enfant de son caractère et de sa personnalité n'est cependant pas un symptôme ! Françoise Dolto évoque à ce sujet les « soi-disant défauts » d'un enfant, qui sont souvent autant de qualités à développer.

Mais, à tout âge, si l'enfant paraît anxieux, fait des cauchemars à répétition, manque de confiance en lui, paraît souffrir d'être réservé ou au contraire agité, une consultation est recommandée. C'est la durée des symptômes, leur intensité ou l'intuition des parents à ce sujet qui mettront sur la piste d'un caractère plus pathologique, nécessitant de consulter. En premier lieu, il est conseillé de toujours s'assurer auprès du pédiatre de l'absence de troubles physiologiques. Après quoi, celui-ci pourra donner aux parents l'adresse d'un lieu de consultation psychologique ou psychanalytique.

J'aimerais mettre mon enfant en garde contre la pédophilie, mais j'ai peur de le traumatiser. Comment en parler ?

Un départ en colonie de vacances ou un séjour encadré par des éducateurs éveillent souvent chez les parents la crainte de possibles agressions sexuelles. Informer l'enfant de la perversion de certains adultes est légitime, car la confiance de l'enfant envers ses éducateurs ne le prépare pas à faire face à d'éventuelles défaillances éducatives et sexuelles. De plus, les actes de pédophilie peuvent être le fait d'un entourage proche de l'enfant, y compris familial.

Cela ne traumatisera pas l'enfant de le mettre en garde, à condition que cela ne devienne pas une obsession pour le parent. En parler une fois ou deux suffit, d'autant plus que la question est maintenant couramment abordée dans les écoles.

On peut lui dire ceci : « J'aimerais te mettre en garde contre une situation si jamais elle t'arrivait un jour : il y a des adultes qui sont malades et dont la maladie consiste à essayer de voir ou de toucher le corps des enfants ou à demander qu'on les touche ou qu'on les embrasse. C'est

chapitre 4 — Le désir

une chose absolument interdite qu'un adulte puisse te demander de faire cela. Si cela se passait, il faut défendre à la personne de le faire et m'en parler tout de suite. »

Si l'enfant semble obsédé par ce sujet, parce qu'il en a beaucoup entendu parler autour de lui, il est bon de le rassurer : « Cela ne t'arrivera probablement jamais, mais je t'en ai parlé une fois pour que tu saches que cela existe. » Si l'enfant demande de quelle maladie souffrent ces personnes, on peut préciser que c'est une maladie mentale, qui s'appelle la perversion.

« Un adulte peut-il être amoureux de moi ? »

On peut répondre à cette question importante par un petit récit mythique sur le monde des humains, qui rappelle à l'enfant les fondements du désir.

« Un adulte ne peut pas être amoureux d'un enfant, il ne peut être amoureux que d'un autre adulte. Parce qu'il existe une loi qui fonde la société des hommes et dit deux choses : que les enfants quitteront leur famille quand ils seront grands pour choisir un amoureux à l'extérieur de la famille ; et qu'un adulte ne peut être amoureux d'un enfant, ni un enfant être amoureux de son papa, de sa maman ou d'un autre adulte. »

L'enfant qui pose cette question ressent peut-être lui-même des sentiments très forts pour un adulte et cherche à en vérifier la réciprocité. Il s'interroge aussi sur ce qui sépare la sexualité infantile, placée sous le régime de la tendresse envers ses parents, du langage plus passionné qu'il perçoit de l'amour adulte[24].

On peut ajouter : « Je t'aime d'un amour de papa (ou de maman). L'amour que je porte à ta mère (ou à ton père) est différent. C'est l'amour d'un mari pour sa femme. » Ce discours va éclairer l'enfant sur le sens de la génération, puisque sa question sollicite bien sûr la partie œdipienne de son amour pour ses parents.

---

24. Ferenczi Sandor, *Confusion de langue entre les adultes et l'enfant*, Paris, Payot, Petite Bibliothèque Payot, 2004.

Questions d'enfants

> « Pourquoi les pédophiles vont en prison ? »

L'enfant qui pose cette question sait-il ce qu'est un pédophile ? Il faudra s'en assurer, et, éventuellement, l'informer que la pédophilie est une perversion, c'est-à-dire une maladie mentale qui pousse des adultes à vouloir séduire des enfants.

On peut répondre ensuite que les pédophiles vont en prison parce que la société des humains juge que leurs actes sont des crimes. Les pédophiles sont coupables d'avoir manqué de respect à la personne d'un enfant. En faisant cela, ils ont ignoré la loi qui interdit qu'un adulte soit amoureux d'un enfant et cherche à toucher son corps.

Avec un préado ou un adolescent, on pourra discuter de la particularité de ce crime : le pédophile est un adulte dont la sexualité s'est arrêtée à l'enfance parce qu'il n'a pu prendre en compte l'interdit de l'inceste et grandir avec cet interdit qui organise les rapports entre les générations. En face d'un enfant, il ne sait pas, dans sa folie, qu'il est un adulte.

chapitre 5

La puberté ou le passage à une sexualité adulte...

Les parents d'adolescents observent souvent des changements dans les attitudes de leurs enfants : telle adolescente repousse un geste tendre de son père et tel autre ne vient plus se blottir dans les bras de sa mère. Ces réactions sont normales : elles sont liées à l'apparition du pouvoir sexuel.

La puberté remanie les impressions infantiles, rétrospectivement, en leur donnant leur véritable sens sexuel, qui était ignoré par le jeune enfant. Les échanges avec les parents sont vécus sous un jour nouveau. Là où l'enfant ne voyait que la tendresse qui l'unit à ses parents, l'adolescent en perçoit aujourd'hui la dimension sexuelle, pour la refouler à nouveau... c'est le deuxième tour de l'Œdipe.

chapitre 5   La puberté ou le passage à une sexualité adulte…

Qu'est-ce qui va changer aux abords de l'adolescence ? Puis-je et dois-je préparer mon enfant à ce moment de changement ?

Quand on entend la voix de son fils muer ou que l'on voit s'arrondir la poitrine de sa fille, on se sent aussi concerné que son enfant par le changement qui s'annonce. Et pour cause : c'est la relation tout entière entre les parents et leur enfant qui va prendre un virage décisif. La sexualité et les relations amoureuses de l'enfant vont bientôt être celles d'un adulte.

Dès onze ou douze ans, l'enfant pré-pubère connaît un nouvel élan d'intérêt pour la sexualité et reprend la masturbation. Plus tôt sa sexualité aura été prise en compte dans l'éducation, mieux l'adolescent pourra vivre les émotions et les sensations fortes qui vont l'animer. Cependant, le moment de la puberté s'anticipe difficilement, puisque les désirs y sont inédits. Le temps le plus représentatif de l'adolescence est celui de l'instant, du présent des découvertes.

Le changement le plus visible est, bien sûr, le corps de l'enfant : la racine latine *puber* renvoie d'ailleurs à la pilosité nouvelle du pubis, des aisselles et de la barbe pour les garçons ; les organes génitaux augmentent de volume ; les hormones modifient la silhouette. C'est une transformation qui est à la fois progressive et spectaculaire. Souvent les parents se disent qu'ils ne reconnaissent plus leur enfant – qui n'en est déjà plus un. Et l'adolescent non plus ne sait pas bien quel jeune adulte il va être, quittant l'enfance pour aborder un nouveau soi dans un corps neuf. Le corps de l'adolescent n'est pas seulement un corps qui grandit, comme dans l'enfance. C'est un corps dont les formes sont en train de changer et qui se dote de capacités qui vont lui permettre de faire l'amour et d'enfanter à son tour. Sa sexualité est maintenant à l'égale de celle de ses parents, et « l'esprit doit s'adapter aux transformations du corps[25] », dit Françoise Dolto.

Préparer l'enfant à ce changement, c'est se préparer à devenir parents de jeunes adultes et à quitter progressivement un ancien type de relation avec son enfant.

Avant d'entrer définitivement dans la sexualité adulte, l'adolescent va être confronté à un deuxième tour du complexe d'Œdipe, dans lequel les parents sont impliqués, bien sûr.

Il permet de refouler définitivement les éléments incestueux de l'enfance et de n'en conserver que le courant tendre. Ainsi, la sexualité et la tendresse de l'adolescent se dirigeront à l'unisson vers ses premiers partenaires amoureux.

L'adolescent, un peu survolté ou abattu au contraire par ses pulsions toutes neuves, perd parfois le sens de la réalité quotidienne. Le rôle éducatif du parent, pas très

---

25. Dolto Françoise et Catherine, *Paroles pour adolescents ou le complexe du homard*, Paris, Gallimard Jeunesse, coll. « Giboulées », 2003, p. 21.

chapitre 5 La puberté ou le passage à une sexualité adulte…

amusant mais nécessaire, sera de veiller, quand cela est nécessaire, à baliser tant soit peu son emploi du temps, entre sorties et révisions scolaires. Ce cadre éducatif, même s'il fait râler l'adolescent, est important pour qu'il ne passe pas trop brutalement du cocon de l'enfance à une indépendance, sexuelle et sociale, qui nécessite un apprentissage progressif.

Comment parler à ma fille de ses premières règles et à mon fils de sa première éjaculation ?

Cette question tourmente souvent les parents, qui craignent d'être maladroits, d'en parler trop tôt ou trop tard, ou encore de se faire mal recevoir par leur enfant. Mais l'enfant pré-pubère, si cela est fait avec délicatesse, appréciera d'être un peu préparé à tous les bouleversements physiques qui l'attendent bientôt. Ce serait dommage de ne pas en parler, parce que ce sont des événements importants et surprenants de la préadolescence, dont on se souvient en général toute la vie. Savoir ce qui va arriver aidera l'enfant à s'approprier ce moment de sa vie sexuelle. Il s'agit probablement de la dernière notion d'éducation sexuelle que le parent transmettra à son enfant.

Il est difficile de savoir précisément quand aborder ces sujets, car l'âge des premières règles et de la première éjaculation varie d'un enfant à l'autre. En moyenne, les premières règles surviennent vers l'âge de onze-douze ans, et la première éjaculation vers treize-quatorze ans. Parler des règles à sa fille vers dix ans et de l'éjaculation à son garçon vers douze ans donne une indication.

Il est conseillé que la mère parle à sa fille, et le père à son fils, principalement parce qu'on parle mieux de ce qu'on connaît soi-même ! Mais il ne s'agit pas non plus de raconter trop en détail sa propre expérience, ce qui pourrait être impudique.

La mère peut dire à sa fille qu'elle a quelque chose à lui transmettre de mère à fille, concernant son corps qui grandit et qui sera bientôt celui d'une jeune femme.

« Peut-être as-tu déjà entendu parler des règles et du cycle féminin ? Comme tu grandis et que cet événement arrivera bientôt pour toi, je voudrais t'en parler pour que tu ne sois pas trop surprise de ce qui se passera. » Avant de parler des règles, on peut évoquer les sécrétions de glaire blanche, que la jeune fille aura peut-être remarquées et qui annoncent la préparation de l'ovulation. Ces sécrétions proviennent d'une partie de son corps que la fillette va découvrir à la puberté : le vagin. On peut mettre en relation les pertes de sang, mensuelles, avec l'ovulation, et la capacité nouvelle du corps de pouvoir concevoir un enfant avec le sperme de l'homme. Les aspects pratiques des protections hygiéniques et de la douleur peuvent être abordés à ce moment.

Au garçon, on peut commencer par parler de l'érection, qu'il connaît : « Tu as déjà probablement senti ton pénis devenir dur et gonflé. Je voudrais t'informer que, bientôt, parce que tu grandis, tu connaîtras ta première éjaculation, c'est-à-dire que du sperme va sortir de ton pénis. C'est une sensation étrange la première fois, mais agréable. C'est grâce à ton sperme que tu pourras plus tard concevoir tes enfants avec ta femme. »

La première éjaculation ne survient pas forcément pendant le sommeil, mais aussi lors d'une masturbation. Pour le respect de son intimité, on évitera absolument de surveiller la literie de son fils, d'entrer dans sa chambre sans frapper, ou de faire le moindre commentaire.

Préparer le préadolescent à ses premières règles ou à l'éjaculation permet aussi de mettre en rapport la fécondité avec la question de la contraception, qui sera reprise d'autant plus aisément un peu plus tard avec lui.

Est-ce intrusif ou déplacé de parler de la contraception ou du premier rapport sexuel avec son adolescent ?

Il n'est pas souhaitable de parler du premier rapport sexuel avec son adolescent, ce n'est pas le rôle du parent. Cependant, certains parents, témoins de l'empressement de leur fils ou de leur fille d'avoir sa première expérience sexuelle « pour faire comme les autres », pourront lui conseiller d'attendre de se sentir prêt et lui dire que faire l'amour avec quelqu'un dont on est amoureux est une belle rencontre.

Ses masturbations l'auront préparé au plaisir de la rencontre sexuelle, et ses questions sur l'acte sexuel, s'il en a, seront posées à d'autres personnes que ses parents ; en revanche, il est recommandé de faire son éducation en termes de contraception.

La meilleure façon de ne pas être intrusif est d'anticiper et de parler de contraception avant les premiers rapports sexuels. On peut conseiller le préservatif aussi bien au garçon qu'à la fille, car c'est le moyen le plus sûr d'éviter les maladies sexuellement transmissibles.

« Pour que, le jour où tu auras envie de faire l'amour tu saches ce qu'est la contraception, je préfère aborder maintenant avec toi la question du préservatif. Cela te permettra de faire l'amour sans avoir d'enfant non désiré, et aussi de limiter les risques de maladies sexuellement transmissibles. »

On peut préciser que le préservatif s'achète en pharmacie ou en grandes surfaces, que c'est fragile, que son efficacité dépend de son étanchéité, qu'il y a une date de validité à observer. Demander à l'adolescent s'il a déjà vu un préservatif et s'il sait comment l'utiliser sera plutôt le rôle du médecin, auprès duquel on peut proposer un rendez-vous au garçon.

La maman peut également proposer un rendez-vous à sa fille chez le médecin pour une prescription de pilule. Mais il est préférable de réserver cette contraception à une relation amoureuse suivie. Lors des premières expériences sexuelles, le préservatif est la meilleure façon de se protéger de maladies sexuelles.

chapitre 5   La puberté ou le passage à une sexualité adulte…

Enfin, il est important de sensibiliser l'adolescent, fille ou garçon, au risque de grossesse. En cas d'oubli de pilule, de problème avec un préservatif, d'absence de contraception lors d'une relation sexuelle, il faut prévenir l'adolescent qu'il doit réagir vite et ne pas attendre fébrilement les éventuelles conséquences. Les filles peuvent recourir à la pilule du lendemain. Mais son usage doit rester exceptionnel. Elle ne constitue pas un mode de contraception en soi.

Ma fille de quatorze ans est exagérément séductrice dans ses attitudes. Que se passe-t-il et que lui dire ?

Ce corps nouveau qu'il voit naître, souvent avec étonnement ou embarras, l'adolescent a parfois envie de le cacher ou, au contraire, de l'exhiber. Dans ce cas, les sous-vêtements se montrent pour mieux souligner l'anatomie ; le mascara est appliqué généreusement, tandis que le gloss fait briller les lèvres – parfois un peu trop. Chez les garçons, la coiffure et le look peuvent prendre une importance qui nous semble démesurée. La séduction ordinaire de l'adolescent est parfois bien supérieure à celle que les conventions sociales admettent. Les parents s'affolent : il y a de la provocation sexuelle dans l'air et leur enfant, en quelques mois, est devenu un objet de désir clinquant. Ils craignent des dérapages que l'adolescent, lui, ne soupçonne pas.

Bien sûr, on peut interdire à son enfant une tenue vestimentaire outrancière, mais rassurons-nous : en général, une attitude séductrice ne coïncide pas avec le passage à l'acte sexuel. Au contraire, c'est plutôt une étape et cette panoplie à première vue caricaturale aide l'adolescent à signifier à son entourage qu'il grandit. Par ce moyen, il recueille dans le regard des autres un désir qu'il s'efforce d'apprivoiser en lui-même. Être désiré va l'aider à se connaître, à s'aimer, à jouer des transformations de son corps positivement. À travers le choix d'une coiffure ou d'un style, l'adolescent cherche à asseoir sa personnalité. Opter pour des codes de séduction adulte lui permet aussi de refouler sa sexualité infantile et de faire ses premières expériences érotiques.

La séduction de l'Œdipe adolescent envers le parent du sexe opposé peut se manifester d'une façon un peu régressive en se faisant câliner comme un petit garçon ou une petite fille. Ou, au contraire, en jouant avec une séduction complètement adulte, sur le terrain de la rivalité avec l'autre parent. Autant que dans l'enfance, les parents prendront garde à ne pas apporter de crédit aux relations de séduction avec leur adolescent.

Pour cela, la meilleure attitude est que le parent du même sexe se rende disponible vis à vis de son adolescent pour le rassurer, le conseiller, de façon à déjouer la rivalité avec l'autre parent et à renforcer ainsi la barrière contre l'inceste.

Une mère pourra, par exemple, faire un compliment à sa fille sur son premier maquillage, ou un père conseiller son fils pour l'achat de sa première veste d'homme... À l'adolescence, la séduction est une affaire à prendre au sérieux.

Mon adolescent est rivé à un(e) ami(e) du même sexe et semble se désintéresser totalement de la sexualité. Est-ce normal ?

La complicité très grande qui unit un adolescent à son meilleur ami est une situation très courante à cet âge. Il n'est pas rare de voir deux copines s'habiller de la même façon, avoir les mêmes goûts et le même discours ; elles se réconfortent, dorment parfois ensemble. Les parents peuvent s'inquiéter du manque de personnalité ou de sociabilité de leur enfant ou de la part d'influence de cette amitié « homosexuelle ».

Mais l'amitié est importante pour que l'adolescent(e) puisse découvrir en miroir son potentiel de séduction et partager ses difficultés. L'ouverture à l'autre sexe prend du temps, et, même si les deux ami(e)s semblent se désintéresser de la sexualité, il est probable qu'elle occupe une grande part de leurs conciliabules. Cette attirance, qui peut aller jusqu'à quelques étreintes, voire une véritable relation homosexuelle, est une transition qui met à distance la peur de la différence... avant de se lancer dans la rencontre avec l'autre sexe.

L'adolescent(e) trouve en l'ami(e) de son choix quelqu'un à qui ressembler et avec qui il peut parler des soucis de son âge. Ses parents ne sont plus ses interlocuteurs privilégiés. D'ailleurs, le côté fusionnel de cette amitié rappelle la relation aux parents pendant la petite enfance, dont l'adolescent fait peu à peu le deuil.

« L'enfant a besoin de se sentir "aimé à devenir" [...] de jour en jour plus librement, laissé à son exploration, à son expérience personnelle et dans ses relations avec ceux de son âge[26]... » Sauf si cette relation leur paraît vraiment néfaste, les parents feront en sorte de respecter ce temps de maturation de l'adolescent, en acceptant de n'être plus son confident privilégié.

Mon adolescent souffre de troubles alimentaires ou paraît déprimé, que faire ?

Un adolescent qui se ressert trois fois à table parce qu'il a faim n'est pas à comparer avec celui, boulimique, qui vide le réfrigérateur dès qu'il est seul dans l'appartement.

---

26. Dolto Françoise, *Les Étapes majeures...*, op. cit., p. 25.

chapitre 5 — La puberté ou le passage à une sexualité adulte...

De la même façon, une jeune fille qui surveille de très près son poids et monte sur la balance plusieurs fois par jour n'a rien à voir avec celle qui se nourrit depuis des mois d'une pomme et d'un yaourt par jour. Les conduites alimentaires sont une affaire d'intensité et de durée. Il en va de même de l'humeur morose, courante à cet âge : l'adolescent qui soupire d'être fatigué de la vie à chaque réunion de famille n'a pas de raison d'inquiéter ses parents, contrairement à celui qui s'enferme dans sa chambre depuis des mois avec une mine lugubre.

C'est en suivant leur intuition que les parents pourront déceler chez leur enfant les signes d'une vraie souffrance qui cherche à s'exprimer. Un adolescent qui parle souvent de la mort, qui est très apathique, qui sèche les cours et se replie sur lui ou une jeune fille qui saute les repas et maigrit beaucoup ou connaît des accès de boulimie ont des attitudes à ne pas prendre à la légère.

Les questions de l'identité et de la relation à l'autre que soulève la puberté soumettent l'adolescent à un travail psychique important, pour lequel il peut avoir besoin d'être accompagné par un psychiatre ou un psychologue.

Les parents peuvent dire à leur enfant qu'ils se font du souci pour lui, parce qu'il n'a pas l'air bien. « Tu devrais aller parler à quelqu'un dont c'est le métier, car quand moi j'ai eu mon adolescence, je n'ai pas eu les mêmes problèmes que toi[27]. » Le travail thérapeutique, à cet âge, consistera à « écouter ce qui se réveille dans ce jeune, de

---
27. Dolto Françoise et Catherine, *Paroles pour adolescents...*, op. cit., p. 117.

sa relation lors de la précédente crise, c'est-à-dire la crise œdipienne[28] », précise Françoise Dolto. Cette personne aidera l'adolescent à se connaître afin que ses angoisses ne l'empêchent pas de se risquer à désirer de nouveau.

---

28. *Ibid.*, p. 129.

Questions d'enfants

> « Comment ça se passe la première fois qu'on fait l'amour ? »

C'est la question qui taraude tout(e) adolescent(e). A priori, elle ne devrait pas être abordée avec les parents, mais avec un ami ou un adulte extérieur à la famille. La réponse des parents engagerait trop de fantasmes du jeune sur la sexualité de ses parents et gênerait ses propres découvertes. « Tu verras cela par toi-même quand tu en feras l'expérience » ou « C'est une belle question que je te propose d'aller poser à une autre personne que ton parent, maintenant que tu es grand(e) » sont des réponses conseillées.

En revanche, on peut l'orienter vers une lecture, comme l'excellent livre de Françoise et Catherine Dolto *Paroles pour les adolescents ou le complexe du homard*[29], qui lui permettra de se renseigner par lui-même.

Si la personne qui répond n'est pas le parent, on pourra mentionner que faire l'amour est à la fois quelque chose de naturel et quelque chose qui s'apprend dans le partage d'une rencontre avec une personne choisie.

On dit que, pour les garçons, la première fois est plus facile, parce que l'éjaculation leur garantit l'orgasme. Mais il est vrai aussi que l'initiative est souvent du côté du jeune

---

29. *Ibid.*

homme et cette responsabilité conjuguée à l'émotion peut lui faire craindre de perdre ses moyens.

À une fille on pourra dire que le plaisir qu'elle a découvert par elle-même grâce à la masturbation l'aidera à guider son partenaire. Apprendre à donner du plaisir et à en recevoir passe beaucoup par le langage des caresses et la confiance en cette « poésie animale du corps[30] ».

Si l'adolescent(e) insiste auprès de ses parents pour en parler, on peut lui proposer un rendez-vous avec un médecin, qui le renseignera sur les questions qui le préoccupent.

---

30. *Ibid.*, p. 40.

Questions d'enfants

« Mon corps me fait peur, est-ce que je suis normal ? »

Comment se reconnaître dans cette silhouette nouvelle dont on n'admet pas encore qu'elle puisse être attirante ? Comment appréhender des désirs forts dont on ne sait pas encore qu'ils sont érotiques ? Comment ne pas être effrayé alors que pour le moment tout est si bizarre ? Tel pourrait être le monologue intérieur de l'adolescent, dont l'image dans le miroir autant que ses perceptions internes le déboussolent jusqu'à l'angoisse.

Il est normal d'avoir peur de ce qui n'a jamais été vécu. Mais c'est douloureux de se sentir maladroit, voire étranger à son corps. Les transformations de la pensée ne vont pas toujours au même rythme que celles du corps. La peur signale aussi qu'un désir fort est en jeu et cherche à se manifester. Si elle devient paralysante et que la patience ou le temps n'y changent rien, il serait bon que quelqu'un aide l'adolescent à vivre cette angoisse – un ami, un parent ou un professionnel. Seule la relation à l'autre lui permettra d'apprivoiser le caractère d'étrangeté de sa sexualité.

conclusion

Répondre à la question « D'où viennent les enfants ? » ne donne pas seulement à l'enfant l'idée de la naissance comme celle d'un corps qui sort d'un autre corps. C'est aussi une façon de mettre au monde un enfant de parole et de lui donner une histoire.

Nous avons vu que la sexualité humaine est prise d'emblée dans une relation à l'autre, au moyen des gestes et du langage. Il est important d'en parler parce que l'amour et la sexualité seront les moyens pour l'enfant de se découvrir lui-même et d'aborder ce qui est différent de lui.

D'une certaine façon, la sexualité peut être traitée comme les autres enseignements. Mais ce savoir a la particularité d'être fondé par les mots qui tissent la relation de l'enfant à ses parents. Si ces derniers n'ont pas réponse à tout, tant mieux : la façon dont l'enfant s'autorise à jouer avec ses propres idées sur ces sujets est aussi importante que le savoir venu de l'extérieur.

Accompagner son enfant puis son adolescent dans la connaissance de son corps et de ses émotions ne suffit pas : il y faut le désir et sa loi. Parler avec son enfant soutient l'interdiction fondamentale de l'inceste. Les effets de cette loi permettront à l'adolescent d'emporter une histoire familiale qui joue en faveur de son désir d'aimer.

Quand on doute ou que l'on hésite devant les questions posées par un enfant, penser un instant à sa propre enfance ou à son adolescence est le meilleur moyen de donner une réponse à la fois pleine et ouverte sur d'autres questions à venir.

Bibliographie

- Assoun Paul-Laurent, « L'enfant, père de l'homme », in *L'Enfant dans l'homme*, revue *Penser/Rêver*, Paris, Mercure de France, 2002.
- Delaroche Patrick, *L'Adolescence. Enjeux cliniques et thérapeutiques*, Paris, Nathan, 2000.
  Parents, vos ados ont besoin de vous ! Paris, Nathan, coll. « L'enfance en questions », 2008.
- Dolto Françoise, *Les Étapes majeures de l'enfance*, Paris, Gallimard, coll. « Folio Essais », 1994.
  Les Chemins de l'éducation, Paris, Gallimard, coll. « Folio Essais », 2000.
- Dolto Françoise et Catherine, *Paroles pour adolescents ou le complexe du homard*, Paris, Gallimard Jeunesse, 2003.
- Ferenczi Sandor, *Confusion de langue entre les adultes et l'enfant*, Paris, Payot, Petite Bibliothèque Payot, 2004.
- Freud Sigmund, *La Vie sexuelle*, Paris, PUF, Bibliothèque de psychanalyse, 1969.
  Trois essais sur la théorie sexuelle, Paris, Gallimard, coll. « Folio Essais », Gallimard, 1989.
  Totem et Tabou, Paris, Payot, Petite Bibliothèque Payot, 2001.
  « Le petit Hans », in *Cinq Psychanalyses*, Paris, PUF, « Bibliothèque de psychanalyse », 1954.
  « Le roman familial des névrosés », in *Névrose, psychose et perversion*, Paris, PUF, 1973.

- Julien Philippe, *Tu quitteras ton père et ta mère*, Paris, Flammarion, coll. « Champs Flammarion », 2002.
- Lacan Jacques, *Les Formations de l'inconscient*, séminaire V, Paris, Le Seuil, 1998.
  « La signification du phallus » in *Écrits II*, Paris, Le Seuil, coll. « Points Essais », 1999.
- Palacios Marcela (dir.), *Enfants, sexe innocent ?* Paris, Autrement, coll. « Mutations », 2005.
- Pommier Gérard, « Le désir "de" l'enfant et son avatar pédophile », in *Les Nouveaux Rapports à l'enfant*, revue *La Clinique lacanienne*, Érès, 2006.
- Ruffo Marcel, *Tout ce que vous ne devriez jamais savoir sur la sexualité de vos enfants*, Paris, Anne Carrière, 2003.
- Winnicott Donald W., *La Petite Piggle. Traitement psychanalytique d'une petite fille*, Paris, Payot, 1980.

Biographie

Pascale Poulain est psychologue clinicienne d'orientation psychanalytique, spécialiste des questions de sexualité infantile.

Elle a été formée à la psychothérapie et à la psychanalyse auprès de Caroline Eliacheff et de Gérard Pommier.

Elle travaille actuellement dans un centre médico-psychologique pour enfants et adolescents.

Merci à Béatrice Childs, Marcela Palacios,
Mireille Fenwick et Astrid Desbordes.

Dans la même collection

Une collection pour aider les parents à aborder
avec leurs enfants des sujets et des situations difficiles.
Des clés, des pistes, des réponses concrètes
à toutes les questions que se posent les parents
et que leur posent leurs enfants.

La mort
Dr Michel Hanus et Isabelle Hanus

La séparation
Élisabeth Darchis et Gérard Decherf

Cet ouvrage a été réalisé avec la collaboration d'Isabelle Raffner.

Achevé d'imprimer en août 2008.
Dépôt légal : septembre 2008.
ISBN : 978-2-09-278217-0
www.nathan.fr
N° projet : 10147587
Imprimé en France par EMD S.A.S.
N° d'impression : 19837